◎本书是 2018 年度国家社科基金重大项目《中国民间信仰海外传播图谱与功能研究》（项目批准号：18ZDA228）的阶段性成果。

华侨华人民间信仰研究丛书

广东金花夫人信仰研究及资料汇编

Research and Compilation
on Ms. Jin Hua Faith in Guangdong Province

石沧金 编著

中国社会科学出版社

图书在版编目（CIP）数据

广东金花夫人信仰研究及资料汇编 / 石沧金编著 . —北京：中国社会科学出版社，2021.10

（华侨华人民间信仰研究丛书）

ISBN 978 - 7 - 5203 - 9013 - 2

Ⅰ.①广…　Ⅱ.①石…　Ⅲ.①信仰—民间文化—介绍—广东　Ⅳ.①B933

中国版本图书馆 CIP 数据核字（2021）第 179894 号

出 版 人	赵剑英
责任编辑	宋燕鹏
责任校对	李　硕
责任印制	李寡寡
出　　版	中国社会科学出版社
社　　址	北京鼓楼西大街甲 158 号
邮　　编	100720
网　　址	http://www.csspw.cn
发 行 部	010 - 84083685
门 市 部	010 - 84029450
经　　销	新华书店及其他书店
印　　刷	北京君升印刷有限公司
装　　订	廊坊市广阳区广增装订厂
版　　次	2021 年 10 月第 1 版
印　　次	2021 年 10 月第 1 次印刷
开　　本	710 × 1000　1/16
印　　张	14
插　　页	2
字　　数	205 千字
定　　价	79.00 元

凡购买中国社会科学出版社图书，如有质量问题请与本社营销中心联系调换
电话：010 - 84083683
版权所有　侵权必究

总　序

　　暨南大学石沧金教授主持的国家社科基金重大课题"中国民间信仰海外传播图谱与功能研究"，在短短两年时间已经完成四部书稿，取得了可喜的进展。书稿付梓之际，沧金教授执意索序，推辞不过，乃不揣谫陋，略陈数语，聊报沧金教授厚谊于万一。

　　民间信仰是历史上中国民众最广泛、最深厚的信仰形态。从超自然力崇拜这点来说，民间信仰与制度化宗教并没有本质区别，而且可能比制度化宗教出现更早，只是以极其多样化的弥散型方式存在，尚未完全具备系统的成文经典、严密的科层组织、专门的神职人员。因此，中国学术界早就以"非制度化宗教"称之，将其列入宗教学研究的对象。而所谓制度化宗教，在中国的土地上不但始终是与民间信仰共存共在、并驾齐驱的，更必须依靠民间信仰的观念意识和信众群体作为自己重要的前置条件和生长基盘。即使是某些高扬"一神论"旗帜的外来宗教，面对中国固有的宗教传统、宗教生态，也不能不做出种种调适乃至变形，在许多基层信徒的宗教生活中呈现出具有明显民间信仰色彩的功利性、"造神性"表象及效应。佛教、道教以及明清以降的大量民间宗教，在实践层面与民间信仰的联系则几乎可以用"水乳交融"四个字来形容。其中，佛教、道教又向民间宗教和民间信仰供给或回馈了一系列概念、传说、神祇、仪节，以至活动样式、话语模态，进一步丰富了民间宗教与民间信仰的内涵和面貌；也使同时关注佛道教与民间宗教、民间信仰之间的多重互动，成为无论是社会史视角下的佛道教研究，还是宗教学视角下的民间宗教、民间信仰研究都不应绕开的必要选题。

从近古以迄现代，土生土长的中国民众被迫到海外寻求生计蔚成一种司空见惯的迁徙活动。东南亚国家是中国沿海地区特别是闽粤一些地方民间"下南洋"的主要目的地。在长期的历史过程中，这些国家内部逐渐形成了以若干不同祖籍地为相对集中来源的华人移民族群。由是，中国民间信仰也如影随形般跟着这些华人移民的脚踪，进入异国他乡的山陬海角、市井田畴，在为移民群体提供精神锚地和乡愁寄托的同时，成为华人华裔保持与母体文化的特殊关联从而维系自身民族意识与民族特性的重要纽带。因此，如果将海外华人民间信仰作为特定研究对象，就不但要研究前面提到的中国民间信仰领域的普遍性问题，而且要关注超出中国本土民间信仰研究的特殊性问题；要在研究中加入华人群体的文化共性之下又因阶层分别、祖籍分别所造成的信仰圈层和地域性区隔，与所在国主体民族、优势宗教的关系等异于中国本土的文化—政治环境，当代世界范围现代化、全球化发展对华人群体传统思想文化格局的影响等诸多因素，也不能不在研究视域中观照当今"一带一路"国际合作、文明之间交流互鉴、人类命运共同体建设这样一些宏大而现实的背景。对于身在中国大陆的研究者而言，如何针对这样一个研究对象，恰如其分而又推陈出新地设定相应的研究框架，无疑比单纯研究中国本土民间信仰更多了一份挑战。

长期以来，石沧金教授一直在主动寻求和回应这份挑战，很早就将源于中国的民间信仰和民间宗教在海外华人社群的历史和现状作为自己的研究方向，表现出一名中国学者的国际眼光和文化担当。2014年，他以在马来西亚为主的东南亚国家数年田野调查为依据撰写的专著《海外华人民间宗教信仰研究》出版，为承担"中国民间信仰海外传播图谱与功能研究"课题打下了良好基础。2018年，"中国民间信仰海外传播图谱与功能研究"作为国家社科基金重大课题立项，说明他以往的学术成就和最新思路得到我国哲学社会科学工作领导部门的高度认可，也促使他和包括外籍学者在内的他的课题研究团队在海外中国民间信仰研究方面以更高标准要求自己，力求推出观察深度和理论建构都更具特色、更有新意的系列成果。从现已完成的几部著作来看，沧金教授的立项初衷正在得以实现。这几部著作，围绕中国大陆特别是闽粤等地部分传统民间信仰在以东南亚为主各国的历史脉络、活动状况、社会功能、文化价值，进行了多侧面、多维度的描述和探讨，并不同程度地给予宗教学、历史学、人类学、社会学理论和方法的诠解，穷原竟委，图文并茂，勾画出一幅又一幅源远流长的中国民间信仰在海外华人中间保存、传承、发展、嬗变的生动景象，形成了对这个丰富多彩的现象群的一次多学科研究的最新尝试，其成果是值得赞许，更值得祝贺的！

对于这些成果的时代意义和学术价值，我以为，自己2014年为沧金教授《海外华人民间宗教信仰研究》在马来西亚出版所写的序言当中的一段话，仍然可以用到这里作为参考："近十多年来，东南亚华人民间宗教和民间信仰的研究，在我国宗教学乃至历史学、民俗学、社会学、人类学、国际问题研究等诸多学术领域逐渐成为一个重要方向，一个课题来源。国家社科基金、教育部、中国社科院都对一系列相关项目有所资助，有关的研讨会不断召开，各类成果层出不穷。与此同时，台湾、香港、澳门学界及以马来西亚为代表的'南洋'华人学术文化圈也在东南亚华人宗教信仰研究方面取得了引人注目的新的成绩。一个具有融贯海内外中华宗教文化广阔视野的大的研究格局，正在国际范围和两岸四地相互呼应之间悄然成形。这种状况，实际是伴随着中国和平发展大趋势而出现的中华传统文化复振局面在宗教研究领域的反映，与鲜明地表现在当代'南洋'华人民间宗教和民间信仰当中的民族文化传承有着血脉相连的关系，也体现了活跃于其中的学者群在'大中华'文化共同体的历史框架内所产生的问题意识和责任意识。"

不仅如此，新的这些研究活动和研究成果，又为推进中国民间信仰的普遍性研究及海外华人民间信仰的特殊性研究，开辟了新的认知路径和思考点位，给今后的研究带来一系列值得深入探索的新问题，当然，也还有一些常解常新的"老问题"。譬如：民间信仰的"宗教性"与"世俗性"的关系，中国民间信仰乃至宗教信仰主体"功利性"取向的价值评估，不同神祇在民间信仰功能结构中的地位和作用，民间信仰在多元化宗教生态系统中的作用和意义，民间信仰的社会功能和文化功能在当代中国与海外华人中的异同，海外华人民间信仰与所在地域佛道教、民间宗教的互动关系和发展前景，海外华人民间信仰与"一神论"宗教及土著文化、西方文化的互动关系及发展趋势，海外华人民间信仰跨祖源、跨区隔、跨功能整合演变的动向与形态，海外华人新移民和华裔新生代与老一代华人华裔对于民间信仰的认同度、参与度比较，海外华人民间信仰神祇和宫庙与中国大陆祖神祖庙的关系及"互哺""反哺"状况，民间信仰向制度化宗教发展的社会条件及可能形式，民间信仰所衍生的联谊组织和社会实体的维持机制、运作模式及社会管理方式，……等等，不一而足。提出这样的问题，并不意味着沧金教授的课题组对这些方面的研究涉入不够，而恰恰是可以借助这次的机会，激发学术界同仁在中国民间信仰和海外华人民间信仰研究中继续有所作为，有所前进。

　　回到本题。如同中国本土民间信仰形态在现实中多有改变一样，当代海外华人世界的民间信仰形态也在经历着不容忽视的变化。也是在当年《海外华人民间宗教信仰研究》的序言里，我曾写到："海外华人传统宗教文化包括民间宗教、民间信仰，在现代化、全球化、信息化浪潮的冲刷激荡之下，不能不发生比以往时代更加明显、更加多样的嬗变，这样的嬗变甚至意味着某种衰变或异变。因而，它们似乎比以往更加迫切地需要依靠对其母体文化源头活水的不断探掘开发，维系乃至重构相对稳固的自组织、有依托、可持续的自我营卫体系，以保证在不可避免的嬗变当中坚守不可放弃的文化特质。""中国大陆学者从学术研究角度对海外华人宗教信仰历史和现状的揭示、探讨，代表了中华民族源远流长的母体文化对海外华人宗教信仰主体的一种特殊的滋养方式和奥援形态，蕴含于其中的象征意义和现实意义，是可以久久耐人寻味的。"时至今日，我依旧秉持相同的观点，也为自己曾经服务三十余年的中国社会科学院世界宗教研究所以 2002 年组团考察泰国、马来西亚、新加坡三国德教会为明确开端（我荣幸地受命联系和参加了这次考察。考察形成的初步成果集中见于 2011 年社科文献出版社出版的陈景熙、张禹东主编之《学者观德教》一书），在前任和现任所领导擘画带领下，投入很多努力，持续开展海外华人宗教和民间信仰研究并取得诸多成果而感到鼓舞。因此，在结束这篇总序的时候，我发自内心地祝愿石沧金教授及其团队，祝愿宗教学等各学科研究中国本土和海外华人宗教及民间信仰相关课题的学界力量，在中华民族与中华文化共同复兴的伟大历史进程中，相互合作，相互提携，不断承担起新的使命，创造出新的荣光！

张新鹰

夏历辛丑（2021年）立夏日于北京

目　　录

第一章　广东侨乡和海外华人的金花夫人信仰研究 ……………（1）
  第一节　金花夫人信仰兴起及发展 ……………………………（1）
  第二节　金花夫人信仰在广东的传播 …………………………（5）
  第三节　金花夫人信仰在海外的传播 …………………………（9）
  第四节　结语 ……………………………………………………（16）

第二章　广东金花夫人庙宇资料汇编 …………………………（18）
  第一节　金花庙和金花殿 ………………………………………（18）
  第二节　观音庙中的金花夫人 …………………………………（46）
  第三节　北帝庙中的金花夫人 …………………………………（66）
  第四节　洪圣庙中的金花夫人 …………………………………（100）
  第五节　华光庙中的金花夫人 …………………………………（112）
  第六节　康公庙中的金花夫人 …………………………………（123）
  第七节　东岳庙中的金花夫人 …………………………………（132）
  第八节　其他庙宇中的金花夫人 ………………………………（141）
  第九节　神牌和乩文中的金花夫人 ……………………………（179）

第三章　海外华人金花夫人庙宇资料汇编 ……………………（186）
  第一节　马来西亚华人金花夫人庙宇 …………………………（186）
  第二节　其他国家华人金花夫人庙宇 …………………………（199）

后　记 ………………………………………………………………（211）

第 一 章

广东侨乡和海外华人的金花夫人信仰研究[①]

金花夫人信仰是广东和海外粤籍华侨华人颇有特色的地域性民间信仰,它曾一度比较流行,产生了重要的社会影响。虽然目前金花夫人信仰已经衰落,但仍有一定的存在空间。

本书根据在珠三角地区和东南亚华人社会所做的实地调研,以及收集到的相关资料,分析金花夫人信仰在广东的兴起、发展,以及在广东和海外华人社会的传播。

第一节　金花夫人信仰兴起及发展

金花夫人信仰不仅限于广东,也是桂、甘、鄂、浙等地汉族民间信奉的生育女神。在广东,金花夫人信仰也称"金花娘娘""金花圣母""惠福夫人"等,主要流行于广府地区,尤其珠三角地区是该信仰的核心流传区域。

广东的金花夫人信仰大约产生于宋元时代。明清时期,地方士大夫阶层不断对金花夫人故事添加有利于其发展的元素,使其在文化、政治两方面力争归附于正统政治体系。明朝成化五年(1469),广东巡抚都御史陈濂重建金花庙,且为金花夫人正名为"金花普主惠福夫人",金花夫人信仰在政治获得了正统性,这对其此后的发展十分重

---

① 本文原刊于《华侨华人文献学刊》第七辑,社会科学文献出版社2019年版。略有改动。

要。到了清朝中叶，随着珠三角地区礼仪变革的完成，地方士人开始重新构建金花夫人故事，给其增添更多符合儒家正统的元素，从而使金花夫人信仰得到充分发展。[1]

金花夫人故事的最早文字记载是在明代弘治年间刊刻的《南海杂咏》卷二《祠庙·金花小娘祠》[2]：

> 在仙湖之西，相传郡有金氏女，少为巫，姿极丽，时人称为金花小娘。后殁于仙湖，数日尸不坏，且有异香，乡人神之，为立祠。

这段文字对金花夫人信仰来历的记载相对简单，大致说明该神原本姓金，少时为巫女，死后灵异，因而被奉祀为神。

明末清初著名文人屈大均的《广东新语·神语》对金花夫人信仰的记载较为详细[3]：

> 广州多有金花夫人祠，夫人字金花，少为女巫不嫁，善能调媚鬼神。其后溺死湖中，数日不坏，有异香，即有一黄沉女像容颜绝类夫人者浮出，人以为水仙，取祀之。因名其地曰仙湖。祈子往往有验。妇女有谣云："祈子金花，多得白花，三年两朵，离离成果。"

屈大均的记载既说明了金花夫人字金花，死后更"有一黄沉女像容颜绝类夫人者浮出"的灵异，而其神职也确定为"祈子"。

《粤小记》则不但记载了金花夫人信仰的来历，也记载了其灵验

---

[1] 黄建华：《明清广东金花夫人信仰研究》，硕士学位论文，暨南大学，2010年，第25—26、58页。

[2] （明）张诩：《南海杂咏·祠庙·金花小娘祠》，载方信孺、张诩、樊封撰，刘瑞点校《南海百咏·南海杂咏·南海百咏续编》，广东人民出版社2010年版，第80—81页。

[3] （清）屈大均：《广东新语》卷六《神语》，载《清代史料笔记丛刊》，中华书局1985年版，第215页。

事迹①：

> "金花者，神之讳也。本巫女，五月观竞渡，溺于湖，尸旁有香木偶，宛肖神像，因祀之月泉侧，名其地曰惠福，湖曰仙湖。"或曰神本处女，有巡按夫人方娩，数日不下，几殆。梦神告曰："请金花女至则产矣!"密访得之。甫至署，夫人果诞子。由此无敢昏（婚）神者。神羞之，遂投湖死。粤人肖像以祀。神姓金名花，当时呼为金花小娘。以其令佑人生子，不当在处女之列，故称夫人云。

《粤小记》的此段记载中引人关注之处是关于金花之死的另一说法，即助巡抚夫人生产后"无敢昏（婚）神者"，致使金花"羞之，遂投湖死"。这种说法更可能反映了当时女性贞节观念的加强。

《粤小记》还明确记载了金花夫人的生卒年份：

> 庙碑载：神生于洪武七年四月十七日子时，……。至洪武二十二年三月初七日午时，夫人卒，……

此段记载表明了金花夫人的确切生卒时间，即明朝洪武七年（1374）农历四月十七生，洪武二十二年（1389）农历三月初七离世，享年15岁。不过，根据《南海百咏续编》卷三《神庙·惠福祠》引用乡人廖元素所撰碑文，金花夫人在洪武二十二年农历七月初七午时"坠于仙湖，遂解化去"②，而不是在当年三月。廖氏所撰碑文也述及"至成化时巡抚陈濂题神衔曰'金花普主惠福夫人'，从此

---

① （清）黄芝：《粤小记》，载（清）罗天尺、李调元等撰，林子雄点校《清代广东笔记五种》，广东人民出版社2015年第2版，第188页。
② （清）樊封：《南海百咏续编·惠福祠》，载方信孺、张诩、樊封撰，刘瑞点校《南海百咏·南海杂咏·南海百咏续编》，广东人民出版社2010年版，第218页。

香火弥盛"①。

总之,上述记载大同小异,简而言之,金花夫人出生于广州,在世时间短暂。死后被封为"金花普主惠福夫人"。作为女神,其职能主要是送子、护产、送雨等。

清中期以后,金花庙中出现奉祀多位神祇的现象,他们基本上与生育相关。最典型的是金花庙内的十二奶娘(又称"十二婆祖""十二延女")的出现。广州黄埔长洲岛金花古庙就供奉十二奶娘,她们分别是:

栽花夫人杜氏　送花夫人蒋氏　保胎夫人陈氏　濑花夫人林氏
养育夫人邓氏　保痘夫人胡氏　梳洗夫人张氏　教食夫人刘氏
教饮夫人梁氏　教行夫人黄氏　腰抱夫人万氏　大笑姑婆祝氏

在顺德容奇村金花庙内,供奉十八奶娘。有些地方的金花庙甚至出现"十九奶娘"。

在广州河南地区(位于今海珠区)的金花庙是所有金花庙中最大的,规模宏伟。除了主神金花夫人之外,还奉祀斗姥元君、司马元帅、华佗先师、张仙真君、月老星君、都天太岁至德星君、和合二仙、花粉夫人、桃花仙女、行痘娘娘、九天玄女体道元君、观音、唐三藏、六十甲子当年太岁至德尊神以及二十奶娘等神灵。二十位奶娘各有职能,都与生育有关。

二十位奶娘名称中②,有"花"者不少,所谓"花"者,乃借指胎儿、婴儿,"白花"指男孩,"红花"则指女该。"转花",指女转男。

不管是十二奶娘、十八奶娘、十九奶娘,乃至二十奶娘,她们虽然分别有不同的职能,但基本上是围绕生育而细分,如安产、换胎、

---

① (清)樊封:《南海百咏续编·惠福祠》,载方信孺、张诩、樊封撰,刘瑞点校《南海百咏·南海杂咏·南海百咏续编》,广东人民出版社2010年版,第218—219页。
② 二十位奶娘具体名称可参见容肇祖《广州河南的金花庙》,莞城图书馆编《容肇祖全集》卷六(语言历史学卷、民俗学与文学卷),齐鲁书社2011年版,第2853—2855页。

保痘、教养等。

相传金花夫人诞生于农历四月十七日，因此，珠三角地区民间奉祀金花娘娘最隆重的日子是农历四月十七日"金花诞"。在广州黄埔长洲金花古庙，宝诞当日，信众必到庙中祭拜。从清晨开始，各乡狮子队接踵而来，争先恐后涌入庙中，善男信女，轮流跪拜。要求生男育女者，祈求生育平安者，最为虔诚。庙堂中挂个大灯笼，四周悬挂者红白两色彩带或花朵，供求子者采摘。求男摘白花，求女摘红花。人们一边参拜，一边祈祷，口中念叨："祈子金花，多得白花，三年两朵，离离成果。"群众在金花庙前开坛打醮，演戏酬神，还有八音歌台、画舫船歌。庙前陈列盆景、书画、古董等，更有来自四面八方的养鸟爱好者带着漂亮的笼子、出色的鸟雀到此斗唱，还有灯饰展示，名曰"唱灯花"。妇女组织"金花会"，集资庆祝，到期备办祭品，请戏班，唱八音，非常热闹。①

求子者在每一位奶娘前插一炷香，直到手里的香插完，如果最后一炷香轮到的那位奶娘手里抱着孩子，就预兆得子，便用红绳系住，这个孩子就会托身为自己的孩子；如果这位奶娘手里是空的，就无需再求，等来年继续拜金花求子。

拜金花时，虽然男性、女性皆可，但一般都是女的去，不论有无孩子。一般而言，新婚者第一年的农历四月十七日金花诞时，新娘须前往拜金花，祈求来年生孩子。参拜时，须准备生姜、红鸡蛋，一般是6个或8个，这些祭品由公婆筹办。

到金花庙求"丁"（求子），参拜者必须带上油灯，拜神后把油灯点燃，之后带回家，以求家中添丁。

第二节　金花夫人信仰在广东的传播

旧时，广东很多地方都建有金花庙。广州河南的金花庙是所有金

---

① 互联网文献：《"金花诞"由来》，凤凰网，http：//news.ifeng.com/gundong/detail_2012_05/08/14383070_0.shtml。

花庙中最大的，规模宏伟。广州地区另一座历史上有名的金花庙在现今的荔湾区金花社区。原庙也已不存在，只保留金花直街、金花庙后街等地名，反映了金花夫人信仰曾经颇为盛行。

上文提及的广州惠福祠，奉祀主神金花夫人，在仙湖街仙童桥。金花夫人死后不久，乡民雕像建立该庙加以祭祀。

有关学者根据地方志记载资料的统计，在清代，金花庙广泛分布于石城、肇庆、高要、德庆、吴川、高明、香山、河源、阳山、海丰、信宜、连州等地。当然，方志中记载的金花庙并非实际上的分布和数量，实际上，很多金花夫人以合祠的形式寄予其他正祀庙宇中。封开县金花庙，大约清朝同治五年（1866）或之前修建。虽然该庙历史悠久，但可能不见于文献记载。[1]

在广东肇庆七星岩，有一座"十八奶娘庙"，位于玉屏山玉皇殿的东侧，建于1949年前，它是当地有名的"求子"庙。十八奶娘庙内供奉了21座塑像，在中间稍大的是金花娘娘（庙宇主神），两旁是花公、花婆，以及两边十八个形态各异的奶娘。庙内每个奶娘形象生动，从孩子出生喂奶、玩耍、读书、睡觉各种形状都有。她们各有名姓，分工细致，从投胎、怀胎、定男女、保胎，直到分娩、养育，乃至吃喝、梳洗、行走、祛病等无所不包。[2]

在著名的南海西樵山地区，有多座主祀金花夫人的庙宇。西樵七星闸边村金花庙，1975年建立，2009年重修。每年四月十七庆祝金花诞，村民都到庙里上香祈福，祈求一年好运。[3] 西樵新田田心沙金花庙，位于田心沙5队，明清时期创建，1996年重修。因为金花庙求子最灵验，逢年过节和家里有喜庆事，村民都会前往拜祭。每年农历四月十七金花诞，新田村4—6队的村民善信都会拜祭，信众甚多，香火

---

[1] 参见黄建华《明清广东金花夫人信仰研究》，硕士学位论文，暨南大学，2010年，第34—35页。

[2] 《广东一个庙里竟然藏了十八个奶娘》，http://www.sh-liangzu.com/tansuo/content/1266548.html。

[3] 梁耀斌、梁惠彦编：《西樵民间信仰普查资料汇编》，广西师范大学出版社2015年版，第175页。

鼎盛，金花庙是当地村民祈求平安、幸福的场所。① 列圣古庙位于上金瓯渡滘村陆家，该庙建于清代，1989年重修。供奉神祇包括赵公、观音、金花。

位于广州黄埔区长洲岛白鹤岗、历史颇为悠久的金花古庙，建于清代中期（另一说为建于明代洪武年间），正门横额上署有"光绪二年"（1876）几个字。主神金花夫人，两侧配祀各6位共12位奶娘。黄埔长洲岛金花古庙坐北朝南，主殿面阔单间5.5米、深两进14.65米，建筑占地总面积80.58平方米。长洲金花古庙是目前广州地区保存最为完整的金花庙。

1949年以后，黄埔长洲金花古庙庙址一度被查封。到了2008年，长洲金花古庙再次"开光"，并于2009年农历四月十七日举办了"第一届长洲金花庙文化活动"，当地村民举办了金花文化大巡游、八音和醒狮表演等活动。长洲金花古庙在每年四月十七日"金花诞"时，一般不举行游神仪式。不过，长洲成立了金花会管理金花庙，金花会一般由村民举手表决选取有威望的长者组成。

"金花诞"已成为长洲岛的一项特色民俗文化活动，"金花娘娘的传说"已被列入广州市非物质文化遗产名录。其中祝礼仪式（头炷香祭拜活动、醒狮"庆"长洲、"金花娘娘"祝礼）是"金花诞"活动的最重要环节。首先是拜祭活动，主祭人宣读祝祠，由长洲乡亲、善男信女、麟儿凤女、"单独两孩"群众代表组成的祭拜队伍依次上香，进献供品，供品主要是岭南佳果和广州特色糕点，体现长洲人民感恩的心，答谢"金花娘娘"的恩泽。在祝礼仪式开展的前后，金花广场上都有特色文艺表演，演出节目注入优生优育宣传元素，展现被民间广泛认为是妇女和儿童的保护神——"送子娘娘"的风采，节目的编排尽显长洲的风土人情或"金花诞"主题特色。②

古庙所在地政府巧妙利用"金花诞"庆祝活动，宣传相关政策。

---

① 梁耀斌、梁惠彦编：《西樵民间信仰普查资料汇编》，广西师范大学出版社2015年版，第241页。

② 《第八届长洲"金花诞"民俗文化活动今早举行》，http://www.gdwh.com.cn/whwnews/2016/0523/article_31789.html。

2010年"金花诞"庆祝活动上,向村民宣传优生优育的科学知识。除了"金花娘娘"祝礼仪式,现场还设有奖问答、优生优育健康生活宣传咨询、派发计生用品等活动。2013年第五届长洲"金花诞"民俗文化活动举办时,金花娘娘化身计划生育代言人,将"优生优育、男女平等、家庭幸福"等新元素融入"金花诞"活动。① 2016年第八届长洲"金花诞"活动举办时,长洲街计生协会开展"全面两孩"政策宣传。这些做法也有助于人们对金花夫人信仰的了解和亲近。

政府相关部门的主导对长洲金花庙的发展产生了一定程度的影响。而且,我们还注意到,长洲岛有很多来自湖南、四川、江西等地的外来人口,他们本不太了解金花夫人信仰,但他们有可能去金花庙中参拜祈求。只是,这些"外来人"祈求的不是"早生贵子",而是家人的平安健康。

金花夫人信仰也流传于毗邻珠三角的港澳地区,并且曾一度比较盛行。在澳门,金花夫人几乎都是附祀于其他庙宇。这些奉祀金花娘娘的庙宇有莲峰庙、包公庙、医灵庙、吕祖仙院、莲溪庙、观音古庙、雀仔园福德祠、路环金花庙等。莲峰庙大约在明代创建,光绪二年(1876)再次大修。其正殿为天后殿,右殿为仁寿殿,仁寿殿的后殿为金花及痘母殿,"供奉产妇婴儿之保护神"②。莲溪庙创建于清朝道光十年(1830),同治年间重修扩建,并"增辟观音、金花两殿"③。在莲溪庙金花殿,金花夫人两旁各供有九位神像。包公庙开建于光绪十五年(1889),庙中有金花夫人神龛,供奉其两旁为十八奶娘神像。

在香港坪洲有一座金花庙,建于清朝乾隆二十七年(1762),相传是一位名为赖国民的药师因发现金花圣母的神位而令其病妻痊愈而创建的。1978年重建。它是一间袖珍古庙,在坪洲天后庙之北。坪洲金花庙供奉金花娘娘,每年农历四月十七日是金花庙的金花诞,届时

---

① 《长洲岛上拜金花》,新浪网,http://news.sina.com.cn/o/2013-05-27/021927231060.shtml。
② 王文达:《澳门掌故》,《澳门教育》出版社2003年第2版,第48页。
③ 王文达:《澳门掌故》,《澳门教育》出版社2003年第2版,第77页。

有舞龙舞狮助兴。① 在香港大澳，当地每年举办的"端午龙舟游涌"是当地重要的民间宗教活动，已经被列为国家级非物质文化遗产项目。游涌活动围绕的主神包括天后、关帝、洪圣、杨侯。当地早在1970年代，每年有八台神功戏演出，庆祝关帝诞、天后诞、金花夫人诞等。②

第三节　金花夫人信仰在海外的传播

早期的粤籍特别是广府籍华侨将金花夫人信仰带到了国外，在粤籍尤其是珠三角地区移民较多的国家，有不少奉祀金花夫人的庙宇。

一　金花夫人信仰在东南亚

由于地缘上的邻近，东南亚各国都有比较多的粤籍华侨华人，因而金花夫人信仰在当地有比较广泛的流传。

在马来西亚，广东人建立的庙宇中经常供奉金花夫人。

吉隆坡仙四师爷庙，创建于1864年，是吉隆坡最早的华人庙宇，由著名华人领袖叶亚来创建。③ 吉隆坡仙四师爷庙主建筑分为正厅、右厅、左厅，正厅供奉主神仙师爷、四师爷④，右厅中供奉华光大帝、谭公爷和叶亚来神位，左厅供奉关帝。另外，庙中附祀观世音菩萨、金花夫人等。2011年，吉隆坡仙四师爷庙全年的神诞活动中，仍然包括在农历四月十七日举办的金花夫人宝诞，方便信众祈福、求子嗣。

雪隆广肇会馆关帝庙，目前附属于雪隆广肇会馆，是一座典型的

---

① 《坪洲金花庙》，香港旅游发展局，https://www.discoverhongkong.com/tc/see-do/culture-heritage/chinese-temples/golden-flower-shrine.jsp。

② 出版者不详：《2017年大澳端午龙舟游涌》，香港科技大学华南研究中心，2017年，第13页。

③ 叶亚来（1837—1885年），本名叶来，又名叶德来（Yap Tet Loy），号茂兰（Yap Mao Lan），清朝道光十七年（1837年）生于广东省惠州府惠阳县。18岁时，叶亚来南下来到马六甲。后经商致富，并担任吉隆坡华人甲必丹，成为早期华人社会重要领袖。

④ 仙师爷和四师爷分别是指盛明利和叶四，两人曾担任过吉隆坡华人甲必丹，对开发吉隆坡地区颇有贡献。二人也曾是叶亚来的上司或挚友。

中式建筑的华人传统寺庙。雪隆广肇会馆始建于1887年，1888年建成，当年即在馆内供奉关帝。① 雪隆广肇会馆关帝庙历史悠久，地理位置优越，香火旺盛。该庙除供奉关帝外，还附祀金花娘娘、观音菩萨、何大仙姑、财神、当年太岁、伏虎玄坛、赵公元帅、文昌星君、福德正神、太阳太阴等多位神祇。庙中设有"金花娘娘之神仙"神位，在观音菩萨神位之左，两边有对联"普佑人间歌圣母，惠从天上赐麟儿"，嵌入金花夫人正名"金花普主惠福夫人"中的"普惠"二字。该庙2017年的系列活动中，包括向金花夫人等列位神祇"点常年平安宝灯及常年平安宝福"②。

森美兰芙蓉列圣宫，建于清朝光绪二十三年（岁次丁酉年，即1897），供奉主神文昌帝君（中）、紫薇星君（右）、张仙大帝（左），附祀金花夫人、观音娘娘、何大仙姑、龙母娘娘、天后娘娘、水母娘娘、花粉夫人、和合二仙、十二奶娘等诸神神位。这些附祀的神祇绝大多数是女性神，其中不少是源自广东的地方性神祇。

霹雳太平何仙姑庙，创建历史较早。庙中有上刻"光绪十三年岁次丁亥""风调雨顺"的铜钟。该庙供奉主神为何仙姑，附祀观音、金花夫人、天后、注生娘娘以及和合二仙等。太平何仙姑庙属于北霹雳广东会馆。

霹雳金宝的金宝古庙，清朝光绪三十年（1904）或更早前创建，原名可能为水月宫③。该庙奉祀的正神包括观音娘娘、三王爷（即文天祥、张世杰和陆秀夫）和北帝爷（玄天上帝）。④ 庙中设有"金花普主惠福夫人"（右）、"姻缘配合花粉夫人"（左）的神位，并放置金花夫人、花粉夫人神像各一尊。

彭亨州文冬广福庙，清朝光绪二十七年（1901）建立，供奉主神

---

① 雪隆广肇会馆：《雪隆广肇会馆120周年暨义学80周年纪念特刊》，2007年，第153页。
② 雪隆广肇会馆：《关帝庙——丁酉年2017鸡年》，http://kwongsiew.org/3104.html
③ [美]陈铁凡、[德]傅吾康合编：《马来西亚华文铭刻汇编》卷3，马来亚大学出版部1987年版，第991页。水月宫建于1895年。
④ 参见许文杰《金宝古庙和华人社区》，硕士学位论文，马来西亚拉曼大学中华研究院，2012年。

仙师爷、四师爷，衬祀关帝、观音、金花夫人、龙母娘娘、八大仙等。设有供奉金花夫人（右）、天后娘娘（左）的神龛，其中有金花夫人、天后神像各一尊。

雪兰莪新古毛（Kuala Kubu Bahru）岳山古庙，创建于1895年，也称师爷庙，供奉仙师爷、四师爷、三王爷，在雪兰莪州北部。该庙中也有附祀金花夫人、十二奶娘、水母娘娘、姻缘和合花粉夫人等诸神的神牌。

加影师爷宫，迁自芦骨，1898年（戊戌年）建立。纪念战死于1860年的粤籍华侨领袖盛明利。庙中也分别有观音娘娘、金花夫人的神龛及神像。金花夫人神龛左右两边刻有对联"彩凤云间现，祥麟梦里来"，隐含金花夫人神祇的职能。2011年，该庙举办的系列庆祝神诞的活动中，包括农历四月初八的谭公爷诞、四月十七的金花夫人诞、四月十八的华佗诞、六月十九的观音诞，等等。

位于吉隆坡郊区的安邦谭公仙圣庙，初建于清朝光绪年间，中华民国二十七年（1938年）重建，供奉主神谭公仙圣[①]。庙中也设有旺相堂，其神牌上写有50多位神祇，包括金花夫人、注生娘娘、观音娘娘、地母娘娘、天后圣母、花粉夫人、女娲娘娘、七仙女娘、悦城龙母、和合夫人、十二奶娘、转心夫人、金童玉女等诸多女性神祇。

位于彭亨州首府关丹附近武吉乌米打石山山麓的天后宫，原名琼州庙，创建于1902年，属于当地的海南会馆。1992年，扩建后的琼州庙改名天后宫，为两层建筑，二楼为主殿。主殿中有五个神龛，分别供奉天后（中）及侍从千里眼和顺风耳、金花夫人（左二）、福德

[①] 谭公，据传真名谭德，元朝时归善红花园（在今广东省惠州市惠东县）人。传说他7岁时能呼风唤雨、伏虎驯蛇。13岁时，在九龙峰（在今惠东县）下得道成仙。他经常造福百姓，后人为纪念他而修建了谭公祖庙——九龙峰祖庙。该庙始建于明朝洪武十六年（1383），清朝乾隆四十年（1775）增修。清朝咸丰六年（1856），谭公被朝廷敕封为"襄济谭公仙圣"。参见陈训庭主编《惠州名迹荟萃》，广东人民出版社2016年，第129页。

正神（左一）、水尾圣娘（右二）、关圣帝君（右一）。①

在霹雳首府怡保，极乐岩主要祭祀三清祖师，也供奉九天玄女、金花夫人、天后等。

在临近马来西亚的新加坡，当地有一座奉祀金花夫人的金花庙。新加坡金花庙是新加坡唯一主奉金花娘娘的庙宇，发起人来自香港。庙中最老的文物是一张刻上"民国七年"的神坛桌和一副木雕对联，"民国七年"（1918）应该就是金花庙的创立年份。② 金花娘娘是金花庙当然的主神，而协助金花娘娘护佑小孩的"十二奶娘"，也在庙中附祀。此外，还供奉钟馗、武松、观音、财帛星君（文财神）、包公、保生大帝、金童玉女、善财童子/善才童子、广泽尊王、济公、文昌帝君。新加坡金花庙起初坐落于四马路附近的亚巴街，即在著名的四马路观音堂的斜对面。1978年，受城市发展影响，该庙迁移至蒙巴登路的私人住宅，原址已改建成雅柏熟食中心。每年农历四月十七日，新加坡金花庙举办庆祝金花娘娘圣诞的活动，该庙也相应举办庆祝观音圣诞、观音得道日、观音出家日、文昌帝君圣诞等活动。

新加坡金兰庙创立于1830年。20世纪60年代，新加坡福建会馆接管金兰庙。该庙主祀清水祖师，俗称"祖师公"，所以金兰庙也称为祖师公会。陪祀神包括玉皇大帝、观音、金花娘娘等。

新加坡万山福德祠1862年由一批粤籍制砖业华侨创建，供奉主神福德正神（土地爷爷），陪祀十二奶娘、金花娘娘、华光大帝、华陀、保生大帝、关帝等。

新加坡双林城隍庙，原名广福宫，创立于光绪二十九年（1903）。主神城隍爷，陪祀注生娘娘、华光大帝、清水祖师、保生大帝、天后娘娘、金花娘娘等。福建和广东的地域性神祇"共聚一处"。

在越南，奉祀金花夫人的庙宇也有不少。

---

① 参见林嘉运《彭亨州关丹天后宫》，苏庆华、刘崇汉主编《马来西亚天后宫大观》（第二辑），雪隆海南会馆（天后宫）·妈祖文化研究中心2008年版，第86—99页。
② 《新加坡金花庙》，http：//www.beokeng.com/disptemple.php？temple=jin-hua-miao。

在西贡（今胡志明市）广肇会馆，馆中供奉妈祖，因此该会馆也被称"圣母庙"、"阿婆庙"。大约在清朝同治（1862—1874）年间，在港口堤岸上，阿婆庙建立，供奉"船头妈"（妈祖）。由于香火旺盛，就在 5 千米外的西贡也建立了阿婆庙，它位于今天胡志明市第一郡阮太平坊的圣母庙。圣母庙大门上挂有"广肇会馆"匾额。圣母庙的前殿供奉观音大士；中殿主祀玉皇大帝，同祀包公和宝寿；后殿主祀妈祖，同祀右为金花娘娘，左为龙母，又有观音、文昌、北帝、及天地母陪祀；左偏殿有关圣帝君、赤兔马、青龙白虎、石敢当、太岁老爷；右偏殿为财帛星君、社稷、榕树将军、地方财神（一见发财）、花公花母。①

越南西贡天后宫（穗城会馆）始建于清朝乾隆二十五年（1760），大殿正中祀妈祖。1993 年被越南定为"国家级建筑艺术文物遗迹"。目前的胡志明市穗城会馆天后庙正殿是"三宫"式格局，在正门两侧各有一条走廊；正殿的中间是天后殿，左侧是关帝殿，右侧是财帛星君殿。正殿的天后殿中供奉着七尊神明，即龙母娘娘与玉女（神牌：敕封护国通天惠济显德）、土地公神位、天后圣母与玉女（神牌：敕封护国天后元君神位），以及金花娘娘与玉女（神牌：金花普主惠福夫人）。在此殿中，主神是妈祖，龙母娘娘与金花娘娘均是其陪神。②

在越南历史文化名城会安，当地华侨很早就创建了福建会馆。会安福建会馆可能是会安最早的华侨会馆，它也作为天后神殿、金山庙或金山寺而出名，寺庙建立的时间大概在 1690 年左右，但会馆的建立时间与寺庙不同。寺庙主祀天后，也供奉金花夫人，以及黄王爷、朱王爷等诸姓王爷。③

在柬埔寨首都金边，客家华侨华人创建客属会馆。柬埔寨客属会

---

① 参见耿慧玲《西贡埠广肇帮圣母庙初探》，李庆新主编《海洋史研究》（第七辑），社会科学文献出版社 2015 年版，第 170—187 页；李塔娜、阮锦翠主编《胡志明市华文碑铭》，越南社会科学出版社 1999 年版，第 315—345 页。
② 李天赐：《越南华侨华人妈祖信仰初探》，《莆田学院学报》2011 年第 1 期。
③ 陈荆和：《会安历史》，李庆新主编《海洋史研究》（第九辑），社会科学文献出版社 2016 年版，第 125—174 页。

馆于1993年8月成立，成立时设有临时理事会，会长为沈金树。除了客家人之外，还有少数湖北天门籍的华侨华人。① 会馆附设天后宫，供奉天后圣母（中）、金花娘娘（右）、财神公公（左）。

泰国著名旅游景点普吉岛上有一座观音庙，大约在清朝同治年间创建。该庙主祀观音，陪祀金花夫人、九天玄女、天上圣母、注生娘娘等诸多女性神祇，也附祀福德正神、清水祖师、关帝等。②

在缅甸，著名的仰光广东观音古庙建于1824年（一说建于1852年），建筑规模宏伟，"多采广东佛山石湾陶塑瓷雕缀饰"③。庙中除奉祀主神观音外，还供奉金花夫人等神明。

印尼苏门答腊岛的重要城市棉兰有著名的东岳观④，供奉主神东岳大帝，衬祀三一教主、十殿阎王、琼瑶教诸神、佛祖等。此外，庙中也有一块上写金花夫人（右）、法主欧仙姑⑤（中）、注生娘娘（左）的神牌。棉兰另一座重要华人庙宇天后宫，供奉主神天后，其右边陪祀金花娘娘和关帝，左边陪祀清水祖师、大伯公和太岁。该庙由当地福建人经管。

2017年4月，我们曾拜访印尼邦加岛槟港，当地的关帝庙主殿中间供奉关帝，左右边神龛各奉祀天后圣母、观音。根据庙祝所说，该庙以前曾敬奉金花夫人，后庙宇遭遇祝融，此后不再奉祀金花夫人，但还是长期举办金花诞，只是现在已经不做了。

---

① ［日］野泽知弘：《柬埔寨的华人社会》，《南洋资料译丛》2007年第3期，第61—64页。

② 参见［德］傅吾康、［泰］刘丽芳合编《泰国华文铭刻汇编》，台北新文丰出版公司1998年版，第526页。

③ 沈立新主编：《华侨华人百科全书·社区民俗卷》，中国华侨出版社2000年版，第472—473页。

④ 早在1955年时，福建莆田华侨把源自故乡江口镇锦江东岳观的东岳大帝香火奉请到印尼棉兰市苏加拉美奉祀，1962年正式开始建庙，1965年建成。该庙亦名为"锦江东岳观"，并自称是莆田江口镇锦江东岳观的"分镇"。该庙既是棉兰最早的东岳大帝信仰庙宇，也可能是莆田江口镇锦江东岳观在海外最早创建的分观。后来，从苏加拉美锦江东岳观中分化出来的部分理事在同一城市的汉都亚路（Jalan Hang Tuah）建立了东岳观。

⑤ 欧仙姑，闾山教法主神之一，南宋时闽中人，生前为女巫，擅长禁咒术，能知人祸福。死后立祠祀之，有祷必应。参见《本洞奉祀仙圣简介》，九鲤洞总镇理事会编《百年九鲤洞》，出版社不详，2011年版，第55页。

二 金花夫人信仰在北美地区

北美地区的美国、加拿大等国，传统上也是粤籍华侨华人尤其是珠三角移民的重要聚居区，金花夫人信仰也进而流传于当地。

在三藩市（旧金山），历史最早的华侨寺庙为天后古庙，清朝道光三十年（1850 年）由一名叫亚清的华侨创建。该庙最初称为天后庙，其后增加奉祀诸多神祇，因而被简称为"列圣宫"。庙堂内有三间房，中心房中间神龛供奉供奉天后、华佗、太岁，房中神龛也陪祀城隍、金花娘娘、三眼华光。二楼供奉观音[①]。2018 年，该庙公布的当年庆祝神诞活动中，就包括在农历四月十七（公元 5 月 31 日），举办庆祝金花夫人诞（Fertility Day）活动。[②]

三藩市另一座天后庙于 1852 年创立，由三邑会馆创建，并为会馆物业。最初建造时，会馆有关人士主张建成像广州河南金花庙一样富丽堂皇。庙中主坛供奉主神天后，主坛之左的神坛分为上、下两层，上层奉祀关帝（左）、华光（右），下层中间供奉金花娘娘神牌，由 12 名陪祀者环绕，每一名陪祀者抱一婴孩。[③] 另有记载称，该庙的陪祀神包括关帝、三眼华光、张王爷、华佗、包公、金花夫人、十八奶娘、济公、门官。[④]

三藩市博伦里（Brooklyn Place）金花庙，该庙"细小而质朴"，庙中神坛"挤满女神、母亲、褓姆、儿童的神像"，除供奉主神金花夫人外，还奉祀观音（金花夫人之左）、天后（金花夫人之右）、十八奶娘等。每一个女神面前，放置一对小鞋供其穿用。[⑤]

洛杉矶冈州庙，大约在 1890 年建立。1960 年建成新楼，由冈州会馆和冈州庙合用。冈州庙在二楼，供奉关帝、齐天大圣、观音、佛

---

① 参见刘伯骥《美国华侨逸史》，台北黎明文化事业公司 1984 年版，第 461—462 页。
② 资料来源：五邑大学刘进教授赐赠他在旧金山考察时拍摄的天后古庙照片。
③ 参见刘伯骥《美国华侨逸史》，台北黎明文化事业公司 1984 年版，第 462—463 页。
④ Tin How Temple，http://www.chinatownology.com/tin_how_temple.html。
⑤ 参见刘伯骥《美国华侨逸史》，台北黎明文化事业公司 1984 年版，第 464 页。

陀、文昌、华光、金花等。①

第四节　结语

广东金花夫人信仰的兴盛时期在明清两个朝代，此后因世易时移，逐渐走向衰落。金花夫人信仰在广东传播较为广泛，但核心地区是在珠三角，以广府民系为主。

粤籍华侨华人尤其是珠三角移民将金花夫人信仰带到了海外聚居地。在海外，供奉金花夫人的庙宇是在19世纪中后期陆续创建的，明显晚于广东地区的金花庙。而且，从上述内容来看，以金花夫人为主神的庙宇很少，华侨华人大多是将金花夫人作为陪祀神敬奉的，并且往往和其他许多女性神明一起奉祀。在原乡广东，以金花夫人为主神的金花庙曾经数量颇多。

在珠三角地区，金花夫人信仰的流行和金花庙的不断创建，往往与人口的繁衍、增长需求相关。海外华侨华人敬奉金花夫人的庙宇出现较晚且绝大多数以其为陪祀神，缘于华人社会对人口增长的需求并非那么渴望、迫切，毕竟，早期华侨华人人口数量的不断增加主要依赖于从国内移民，而非华社人口本身的自然增长。实际上，大规模华侨华人女性人口的移入是后来才发生的，这一点也能够解释了为什么金花夫人信仰在海外华社兴起较晚且常常祔祀于华人庙宇。

根据我们收集到的资料来看，在海外，奉祀金花夫人的庙宇一般上属于粤籍华侨华人经管，但也有其他帮群（方言群）华侨华人的庙宇供奉金花夫人，如上文中提到的越南会安福建会馆（天后神殿）、马来西亚彭亨州关丹天后庙（琼州庙）、印尼棉兰东岳观等等。相信是由于各方言群之间的交流、互动的加深所致。

目前，因为社会的进步，人们生活水平的普遍提高，尤其是医疗条件的大大改善，不管是在原乡广东，还是在海外华社，金花夫人信仰已经式微，不复往日"盛景"。

---

① 参见刘伯骥《美国华侨逸史》，台北黎明文化事业公司1984年版，第478页。

然而，尽管都已呈衰落之势，但广东金花夫人信仰仍然出现了不同于海外华社的趋向。恰恰是在政府部门的主导下，广东的民众会以不同于传统历史的信仰观念来接近金花夫人。虽然金花夫人信仰不可能"梅开二度"，但它仍会以不同于往昔的信仰生态延续。

第二章

广东金花夫人庙宇资料汇编

第一节　金花庙和金花殿

一　广州市黄埔区长洲岛金花古庙

1. 黄埔长洲金花古庙

2. 黄埔长洲金花古庙，门额《金花古庙》为清朝光绪二年（1876）所刻

第二章　广东金花夫人庙宇资料汇编　/　19

3. 黄埔长洲金花古庙，后墙神坛中间供奉主神金花夫人

4. 黄埔长洲金花古庙，主神金花夫人

5. 黄埔长洲金花古庙，右墙神坛供奉六奶娘

6. 黄埔长洲金花古庙，左墙神坛供奉六奶娘

第二章　广东金花夫人庙宇资料汇编　/　21

7. 黄埔长洲金花古庙，2008年被确定为广州市文保单位

8. 黄埔长洲金花古庙，金花娘娘的传说被确定为市级非物质文化遗产

9. 黄埔长洲金花古庙，清朝道光九年（1829年）《重建金花古庙各家乐助碑记》

二　广州市黄埔区南岗丹水坑金花庙

1. 黄埔南岗金花庙，始建于清代。位于当地杨四将军庙中

2. 黄埔南岗金花庙，主神龛

第二章　广东金花夫人庙宇资料汇编　／　23

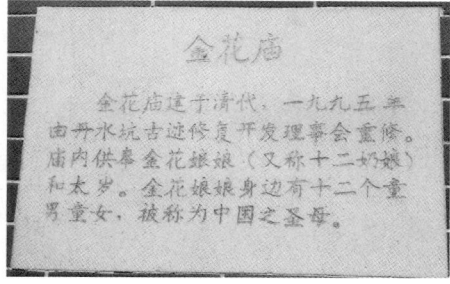

3. 黄埔南岗金花庙，金花娘娘左右手各抱一名婴儿，身边另有10名小孩，共12名孩童

4. 黄埔南岗金花庙，金花庙及金花娘娘简介

5. 黄埔南岗金花庙，香炉

三　广州市黄埔区萝岗萝峰寺金花庙

1. 黄埔萝岗萝峰寺（玉岩书院）供奉钟玉岩。（1155—1225，南宋人，官至参议中书省兼知政事）

2. 黄埔萝岗萝峰寺，金花庙主神金花夫人神像尚未安奉，门联"迹溯仙湖歆履武　地邻奎壁蔚人文"

3. 黄埔萝岗萝峰寺（玉岩书院），根据庙中金花庙简介，该庙始建于明朝后期

四　珠海唐家湾三圣堂金花庙

1. 珠海三圣堂，包括文武帝庙（中）、金花庙（右）、圣堂庙（左）。三圣堂最早在清朝乾隆四十年（1775）曾大修，庙中有嘉庆九年（1804）《重修三庙碑文》、道光七年（1827）《重修三庙碑文》和《重修三庙碑记》、同治二年（1863）《重修三庙碑文》多块

2. 珠海三圣堂，金花庙始建于清朝乾隆四十年，庙额《金花庙》为清朝同治二年刻立。2017 年，金花庙内设立金花诞非物质文化遗产传承基地

3. 珠海三圣堂，金花庙正门，门联"恩培赤子 惠普苍生"

4. 珠海三圣堂，金花庙主神为金花夫人，并排左右两边神台分别供奉祝氏夫人、欧氏二娘。两边靠墙的神台分别供奉九位奶娘，共十八奶娘

第二章　广东金花夫人庙宇资料汇编　/　27

5. 珠海三圣堂，金花庙主神金花夫人

6. 珠海三圣堂，金花庙左墙九奶娘，以及瑞狮五子在舞狮

7. 珠海三圣堂，金花庙右墙九奶娘，以及金龙五子在舞龙

8. 珠海三圣堂，金花庙为金花诞非遗传承基地

第二章　广东金花夫人庙宇资料汇编　/　29

9. 珠海三圣堂，金花庙中对唐家村金花诞习俗的介绍

10. 珠海三圣堂，金花庙中对唐家湾金花诞介绍

11. 珠海三圣堂，金花庙中对唐家湾金花诞介绍

12. 珠海三圣堂，金花庙中对唐家湾金花诞介绍

13. 珠海三圣堂，金花庙中对唐家湾金花诞介绍

14. 珠海三圣堂，金花庙中对唐家湾金花诞介绍

15. 珠海三圣堂，金花庙中对唐家湾金花诞介绍

五　河源市龟峰山金花夫人庙

1. 河源市龟峰山龟峰古寺，始建于南宋绍兴年间（1131—1162），又名龟峰庵、金花庙等。明朝万历年间和清朝光绪年间曾经重修（欧阳班依提供）

2. 河源市龟峰山龟峰古寺，庙额《龟峰古寺》由印顺大师撰写（欧阳班依提供）

3. 河源市龟峰山龟峰古寺，供奉西方三圣（中）、金花夫人（右）、地藏王菩萨（左）（欧阳班依提供）

4. 河源市龟峰山龟峰古寺,金花夫人,身边有三名孩童。神像呈现佛教化(欧阳班依提供)

六 深圳市龙岗区坪地街道年丰村金花夫人庙

1. 深圳市龙岗区坪地街道年丰村金花夫人庙(常樟平拍摄)

2. 深圳市龙岗区坪地街道年丰村金花夫人庙，主殿（常樟平拍摄）

3. 深圳市龙岗区坪地街道年丰村金花夫人庙，主神金花夫人（常樟平拍摄）

七　增城新塘镇石巷路倚岩寺金花娘殿

1. 增城新塘石巷路倚岩寺寺庙群，主寺倚岩寺。另有金花娘殿、何仙姑殿、天后宫（石巷庙天后宫）、慈悲宫、关帝庙、帅府庙、妈祖七仙姐庙等多座寺庙。根据庙中碑文，石巷原有天后宫和倚岩禅寺。根据《石巷天后宫修缮记》碑刻，辛卯年（2011），沙贝村十三坊及新塘居民开始修缮天后宫工程，期间，得到了华侨、港澳台同胞的资助

2. 增城新塘石巷路倚岩寺寺庙群，金花娘殿，右边为何仙姑殿

3. 增城新塘石巷路倚岩寺寺庙群，金花娘殿供奉金花，其右边有一男性背着一名孩童，另有四名孩童，一名手拿仙桃，一名拿锦幅。左边有一名女性手抱婴儿，另有四神像，一名手拿元宝，一名在敲鼓

4. 增城新塘石巷路倚岩寺寺庙群，金花娘殿金花左侧供奉神像

5. 增城新塘石巷路倚岩寺寺庙群，金花娘殿中金花右侧供奉神像

6. 增城新塘石巷路倚岩寺寺庙群，金花娘殿中信众所写契于金花夫人的红纸

7. 增城新塘石巷路倚岩寺寺庙群，送生司马高大元帅

八　澳门莲峰庙金花殿

1. 澳门莲峰庙，根据庙内碑文，该庙鼎建于清朝雍正五年（1727）。主神天后

2. 澳门莲峰庙痘母金花殿，供奉惠福普主金花夫人（右）和痘母元君（左）

3. 澳门莲峰庙痘母金花殿，金花夫人（右）怀抱一名婴儿

4. 澳门莲峰庙金花夫人和痘母元君神牌

九　澳门莲溪庙金花殿

1. 澳门莲溪庙，创建于清朝道光十年（1830），同治年间重修扩建，并增辟观音、金花两殿。庙中也包括华光殿、玉虚宫、唐三藏佛爷殿等

2. 澳门莲溪庙，金花殿中的金花娘娘

3. 澳门莲溪庙，金花殿右墙神台供奉东园大笑姑婆、白花送子夫人、临盆保产夫人、淋濑花枝夫人、根基保养夫人、揽腰教企夫人、血光羊孕夫人。最左边也供奉送生司马高大元帅、送子张仙真人

4. 澳门莲溪庙，金花殿左墙神台供奉除疮沐浴夫人、西园小笑姑婆、添根保养夫人、栽花剪叶夫人、含茶嚼饭夫人、扶产血光夫人、娇媳奶乳夫人、保胎羊孕夫人

十　澳门包公庙金花殿

1. 澳门包公庙，开建于清朝光绪十五年（1889）

2. 澳门包公庙，门口左墙上写有"金花十八奶娘宝殿"

3. 澳门包公庙金花殿，抱婴者为金花夫人

4. 澳门包公庙金花殿，右墙神台供奉七位奶娘，分别为东园大笑、娇媳奶乳、吟茶唧饭、添根保养、临盆保养、栽花种叶蟹氏、血光羊刃。同时在最左边供奉高大元帅和白花送子

5. 澳门包公庙金花殿，左墙神台供奉七位奶娘，分别是西园讲笑招氏、栽花种果、保胎安花、教行教企、教讲教话、淋花种枝、除疮沐浴

第二章 广东金花夫人庙宇资料汇编 / 43

6. 澳门包公庙，神诞表中农历四月十七为金花旦

7. 澳门澳门包公庙，信众祈求于金花娘娘

十一　澳门吕祖仙院金花殿

1. 澳门吕祖仙院，门口右墙上写有"金花奶娘"，奉祀的众多神祇中包括金花娘娘

2. 澳门吕祖仙院，金花殿，奉祀包括金花夫人、奶娘及关帝、送子观音等多位神祇

3. 澳门吕祖仙院,金花殿奉祀金花夫人(前排送子观音左边抱婴者,其后有六位奶娘及送子张仙

4. 澳门吕祖仙院,金花殿神牌上写"淋濑花枝奶娘、教行教企奶娘、血光羊刃奶娘、含奶嚼饭奶娘、娇息奶乳奶娘、教讲教话奶娘、送子张仙真君"

第二节　观音庙中的金花夫人

一　广州市天河区棠东水月宫

1. 天河区棠东水月宫，建于清朝乾隆十三年（1748）。庙中有乾隆四十五年（1780年）《义会买受香油田碑》、咸丰元年（1851）《重修水月宫庙碑记》等碑刻

2. 天河区棠东水月宫，主殿供奉观音（中）、金花普主（右）、公和神尚

3. 天河棠东水月宫，主神观音菩萨

4. 天河区棠东水月宫，金花圣主左右手各抱一名婴儿

5. 天河区棠东水月宫，左偏殿供奉天后娘娘

二　广州市天河区龙步村水月宫

1. 广州天河龙步村水月宫，左边为刘氏宗祠

2. 广州天河龙步村水月宫，庙额《水月宫》为2003年重修时刻立

3. 广州天河龙步村水月宫，供奉观音（中）、金花夫人（右）、华光（左）

4. 广州天河龙步村水月宫，金花夫人怀抱一名手拿元宝的婴儿，身边另有四名孩童，或拿如意，或拿钱串。共五名孩童

三　广州市黄埔区萝岗莲潭庙

1. 黄埔莲潭村莲潭庙，约有百余年历史

2. 黄埔莲潭村莲潭庙，主神台供奉观音（中）、金花（左二）、关帝（左一）、天后（右二）、洪圣（右一）

3. 黄埔莲潭村莲潭庙，金花夫人左右各怀抱一名婴儿，身边另有三名孩童，分别在敲锣、打鼓、鸣钹。共五名婴孩

4. 黄埔莲潭村莲潭庙,《重建莲潭佛地本乡华侨外地寺庵僧尼善信捐资芳名录》碑

四　广州市黄埔区九龙镇镇龙古庙

1. 黄埔九龙镇镇龙古庙,庙中有《镇龙古庙捐款名单》,以陈姓为主。附近的上境村、下境村有多家陈姓宗祠

2. 黄埔九龙镇镇龙古庙，中间神台供奉观音（中）、洪圣王（右）、康元帅（左），左神台供奉金花夫人（左）、关帝（右），两者中间供奉武台小神像，右神台供奉车公（右）、文昌（左）

3. 黄埔九龙镇镇龙古庙，金花夫人右手抱婴儿，婴儿手捧"天姬送子"，脚旁小神台有五名孩童

4. 黄埔九龙镇镇龙古庙，金花夫人脚旁有五名孩童，中间者在舞狮（戴狮头），其两边的孩童分别在打鼓、鸣钹，最右边者怀抱一条鱼，最左边者手捧"学习进步"书卷

五　番禺沙湾镇三善村鳌山古庙

1. 番禺沙湾三善村鳌山古庙群，包括鳌山古庙、潮音阁、先师古庙、报恩祠等

第二章　广东金花夫人庙宇资料汇编　/　55

2. 番禺沙湾三善村鳌山古庙群，主庙鳌山古庙

3. 番禺沙湾三善村鳌山古庙群，鳌山古庙主神龛供奉主神观音

4. 番禺沙湾三善村鳌山古庙群，鳌山古庙也奉祀送子观音

5. 番禺沙湾三善村鳌山古庙群，潮音阁中间主神龛供奉观音，左神龛供奉金花夫人（左）、天后（右），左边靠墙神台供奉十二奶娘、和合二仙等，右边靠墙神台供奉十二太岁

6. 番禺沙湾三善村鳌山古庙群，潮音阁中的金花夫人（左）和天后娘娘（右）

7. 番禺沙湾三善村鳌山古庙群，潮音阁供奉金花夫人

第二章　广东金花夫人庙宇资料汇编　／　57

8. 番禺沙湾三善村鳌山古庙群，潮音阁中的十二奶娘、和合二仙

9. 番禺沙湾三善村鳌山古庙群，潮音阁中的和合二仙

六 番禺大石镇诜村水月宫

1. 番禺大石诜村水月宫（中）、玉虚宫（右）、康公古庙（左）。三庙连为一体

2. 番禺大石诜村水月宫

第二章　广东金花夫人庙宇资料汇编　/　59

3. 番禺大石诜村水月宫，后墙神台供奉观音（中）、悦城水口龙母元君（右二）、金花普主惠福夫人（右一）、花公爷爷（左一）、花婆夫人（左二），花公花婆肩头各有两名小儿

4. 番禺大石诜村水月宫，金花夫人，身边无婴儿

5. 番禺大石诜村水月宫，金花圣主惠福夫人神牌

60 / 广东金花夫人信仰研究及资料汇编

6. 番禺大石诜村玉虚宫，后墙神台供奉玄天上帝（中）、威灵感应水德星君（右）、伏虎玄坛圣爷（左）

7. 番禺大石诜村玉虚宫，清朝雍正岁次己酉年（1729）《新溪重修碑记》

七　番禺新造镇和睦路礼园观音殿

1. 番禺新造和睦路礼园观音庙，丁丑年（1997年重建），马路对面即是礼园华光殿

第二章 广东金花夫人庙宇资料汇编 / 61

2. 番禺新造和睦路礼园观音庙，一楼供奉地母元君（中）、华佗仙师（右二）、文昌帝君（右一）、值年太岁（左二）、黄大仙（左一）

3. 番禺新造和睦路礼园观音庙，二楼供奉观音菩萨（中）及金童玉女、金花夫人（左）、天后元君（右）

4. 番禺新造和睦路礼园观音庙，金花夫人怀抱一名婴儿

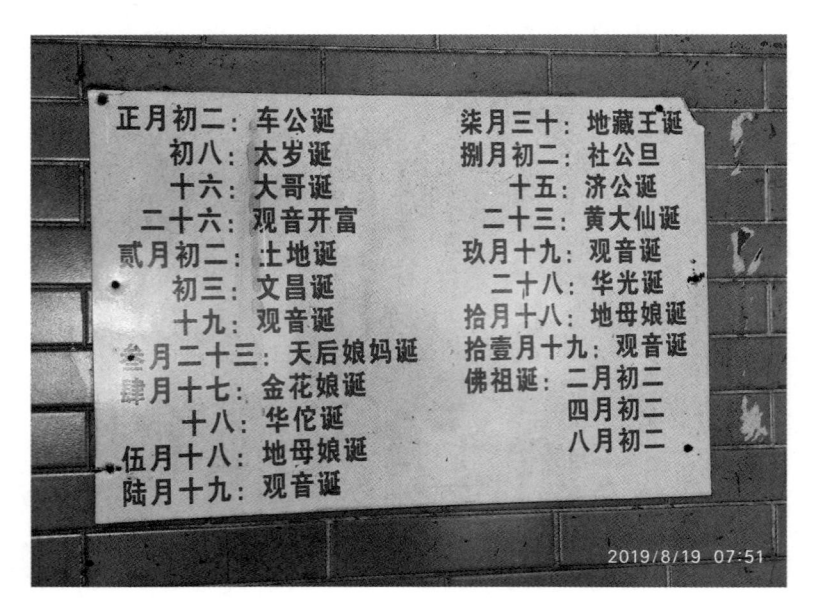

5. 番禺新造和睦路礼园观音庙，神诞表，其中农历四月十七为金花娘诞

八　增城新塘镇白水村上圣堂观音庙

1. 增城新塘镇白水村上圣堂观音庙，可能原名医灵庙，庙中有《上圣堂观音庙重建纪念》碑、《重建医灵古庙捐款芳名榜》、《公元二零一年重建医灵古庙乐助芳名》碑（辛巳年八月吉旦，碑名中少一"零"字）。捐款者以黄姓、吴姓居多

2. 增城新塘镇白水村上圣堂观音庙，纸质门联"礼拜金花添福寿　朝参圣母降麟儿"，意在祈求金花夫人

3. 增城新塘镇白水村上圣堂观音庙,主殿靠后墙有三神龛,中间供奉主神观音,左神龛为散花天女,右神龛供奉北帝。所有神像前都放有一面镜子,男神像旁只放置一条毛巾,女神像前放有一条毛巾和一把梳子

4. 增城新塘镇白水村上圣堂观音庙,主殿后墙主神龛,中间神龛供奉主神观音,陪祀天后(右)和金花夫人(左)

5. 增城新塘镇白水村上圣堂观音庙，金花夫人为老年白发妇女形象，是所见最老态龙钟的金花娘娘。她右手怀抱两名婴儿，左手拿龙头拐杖，上有《保佑平安》牌子。脚下神牌上写着"金花娘娘"

6. 增城新塘镇白水村上圣堂观音庙，主殿右墙神台供奉六奶娘

7. 增城新塘镇白水村上圣堂观音庙，主殿左墙神台供奉六奶娘

第三节　北帝庙中的金花夫人

一　广州市白云区夏茅北约北帝庙

1. 广州市白云区夏茅北约北帝庙，始建于北宋仁宗（1022—1063 年在位）时期，原名玉虚堂，明孝宗（1487—1505 年在位）时第一次重修

2. 广州市白云区夏茅北约北帝庙，庙额《灵钟胜境》为清朝道光十九年（1839）重建时刻立，由当时花县名人骆秉章撰写

3. 广州市白云区夏茅北约北帝庙，主帅康公、华光大帝、关圣帝君、周公。庙中还供奉医灵、金花仙女、华佗、武大帝、文大帝、洪圣、魁星、长皇爷、天后、桃花仙女、观音、尧、舜、禹、天尊帝君、紫微、三官、华光、月老、万世师表孔子、文昌、哪吒、玄坛、太师、地藏王等，庙中计有近30位神祇

4. 广州市白云区夏茅北约北帝庙，主神北帝

5. 广州市白云区夏茅北约北帝庙，金花仙女、天后圣母、桃花仙女

第二章　广东金花夫人庙宇资料汇编 / 69

6. 广州市白云区夏茅北约北帝庙，金花仙女

7. 广州市白云区夏茅北约北帝庙，《既受帝祉》匾，清朝光绪廿一年（1895）由晚清抗法名将刘永福敬奉

70 / 广东金花夫人信仰研究及资料汇编

8. 广州市白云区夏茅北约北帝庙,清朝嘉庆庚申年(1800)《重新玉虚堂碑记》

二 广州市白云区江高镇雄丰村神山玄帝古庙

1. 广州白云区江高镇雄丰村神山玄帝古庙。该庙呈现佛教化特点。(黄思婷拍摄)

2. 广州白云区江高镇雄丰村神山玄帝古庙，北帝、华佗等神像。（黄思婷拍摄）

3. 广州白云区江高镇雄丰村神山玄帝古庙，佛祖旁的金花娘娘。（黄思婷拍摄）

4. 广州白云区江高镇雄丰村神山玄帝古庙，北帝（左）、天后娘娘（右）。（黄思婷拍摄）

5. 广州白云区江高镇雄丰村神山玄帝古庙，六祖慧能。（黄思婷拍摄）

三 广州市海珠区黄埔村北帝庙

1. 广州海珠区黄埔村北帝庙，始建于北宋。包括左殿水月宫，右殿张王爷宫

2. 广州海珠区黄埔村北帝庙，主神北帝

第二章　广东金花夫人庙宇资料汇编　／　73

3. 广州海珠区黄埔村北帝庙，金花三娘灵宫

4. 广州海珠区黄埔村北帝庙，金花三娘

四　广州市黄埔区萝岗元贝村玉虚宫

1. 黄埔萝岗元贝村玉虚宫，始建年代不详，清朝乾隆辛亥年（1791）之前就存在

2. 黄埔萝岗元贝村玉虚宫，中间神龛供奉北帝等三尊神，右神龛供奉怀抱婴儿的男神送生司马高大元帅，左神龛供奉金花夫人

3. 黄埔萝岗元贝村玉虚宫，金花夫人怀抱两名婴儿，身边另有五名小孩

4. 黄埔萝岗元贝村玉虚宫，怀抱婴儿的男神送生司马高大元帅

5. 黄埔萝岗元贝村玉虚宫，清朝乾隆十八年（1753）《重建元贝乡上帝爷庙碑记》

五　广州市黄埔区茅岗塘口大街北帝古庙

1. 黄埔茅岗塘口大街北帝古庙，始建年代不详，清朝乾隆、嘉庆、道光、同治、光绪年间曾五次重修

2. 黄埔茅岗塘口大街北帝古庙，主殿中间神龛供奉北帝，右神龛供奉万寿长生医灵大帝（右）、玄坛伏虎赵公元帅（左），左神龛供奉金花普主惠福夫人（右）、喃呒劝善大德禅师（左）

第二章 广东金花夫人庙宇资料汇编 / 77

3. 黄埔茅岗塘口大街北帝古庙，主神北帝

4. 黄埔茅岗塘口大街北帝古庙，金花普主惠福夫人（右）、喃呒劝善大德禅师（左）

5. 黄埔茅岗塘口大街北帝古庙，金花普主惠福夫人怀抱一名婴儿，身边另有一名孩童，共两名。据看庙老妪所言，该庙以前有做金花诞，近年停止

6. 黄埔茅岗塘口大街北帝古庙，清朝嘉庆十一年（1806）《重修庙碑》

六　广州市黄埔区笔岗玄帝古庙

1. 黄埔笔岗玄帝古庙，始建于元代，原名崧觉寺、崧觉庵，初在旁边铜鼓山山顶，明朝崇祯癸未年（1643）迁建于山下。附近有多家朱氏宗祠

2. 黄埔笔岗玄帝古庙，庙额"玄帝古庙"为清朝嘉庆年间（1796—1825）刻立

3. 黄埔笔岗玄帝古庙，主殿玄帝宝殿，中间神龛供奉玄天上帝（中）、赵公元帅（左一）、康圣真君（左二）、文昌帝君（右二）、华光（右一）

4. 黄埔笔岗玄帝古庙，左偏殿为观音殿，其右边神龛供奉金花圣主惠福夫人

5. 黄埔笔岗玄帝古庙，观音殿中的金花夫人，左手抱一名婴儿，右手抱两名孩童，上面的拿如意，下面的手捧花，金花脚上各站有一名孩童，左脚上的拿红锦幅，上写"麟趾呈祥"，右脚上的抱一条金鱼。共计五名婴孩

6. 黄埔笔岗玄帝古庙，清朝乾隆庚午年（1750年）《重修玄帝庙碑》

七 广州市黄埔区南岗镇南湾护龙古庙

1. 黄埔南岗镇南湾护龙古庙，一说始建于明代，一说始建于清朝光绪二十一年（1895）

2. 黄埔南岗镇南湾护龙古庙，主神玄天上帝

第二章　广东金花夫人庙宇资料汇编　/　81

3. 黄埔南岗镇南湾护龙古庙，左偏殿供奉观音（中）、金花（左）、天后（右）。金花抱一名婴儿

4. 黄埔南岗镇南湾护龙古庙，金花普主惠福夫人神牌

5. 黄埔南岗镇园南湾护龙古庙，劝善禅师

八　广州市黄埔区珠村北帝古庙

1. 黄埔珠村北帝古庙，始建于明朝洪武年间（1368—1398）。当地的乞巧文化节颇有名。每年乞巧节时，珠村巧女们组成北帝庙七娘会，并在北帝庙进行供案展，也称"摆七娘"

2. 黄埔珠村北帝古庙，主神北帝

3. 庙门墙上贴有"2019己亥岁神诞醮会功德科仪列表"，时间安排中，三月初一日下午科仪包括3点45分的"赞花　金花朝　化马进表　祈福　添丁发财"

九　增城新塘镇瑶田北帝古庙

1. 增城新塘瑶田北帝古庙，庙额《北帝古庙》上写"同治三年仲冬重修"。同治三年即 1864 年

2. 增城新塘瑶田北帝古庙，分为主殿、左殿、右殿。主殿有三神龛，中间神龛供奉玄天上帝（中）、天后（左二）、华光（左一）、赵公元帅（右二）、关帝（右一）。左神龛供奉钟离大仙（中）、文昌帝君（右）、游天得道仙姐仙娘。右神龛供奉地藏王（中）、医灵大帝（左）、包公

3. 增城新塘瑶田北帝古庙，主神玄天上帝

4. 增城新塘瑶田北帝古庙，右殿后墙主神龛供奉观音（中）、金花圣母惠福夫人（左）、何大仙姑（右）。观音与何大仙姑之间供奉齐天大圣

5. 增城新塘瑶田北帝古庙，金花圣母惠福夫人，她左右手各怀抱一名婴儿。身边另有三名孩童，其中一名在敲锣，一名在打鼓。共五名孩童

6. 增城新塘瑶田北帝古庙，左殿神龛供奉送生司马

十　增城新塘镇沧头小迳墟北帝古庙

1. 增城沧头小迳墟北帝古庙，主神北帝，庙额《北帝古庙》为清朝同治甲戌年（1874）刻立

2. 增城沧头小迳墟北帝古庙，最接近传说人物原型的金花娘娘神像

3. 增城沧头小迳墟北帝古庙，右神龛供奉大德劝善禅师（左）和关帝

十一　增城仙村镇蓝山村玉虚宫

1. 增城仙村镇蓝山村玉虚宫，1990年代重建

2. 增城仙村镇蓝山村玉虚宫，主殿中间神龛供奉北帝，左神龛供奉金花圣主惠福夫人，右神龛供奉哪吒。每尊神像前放置一面镜子

3. 增城仙村镇蓝山村玉虚宫，金花夫人有两名侍女，左侧者怀抱褟褓婴儿，右侧者抱一稍长婴童。金花神龛对联"普见人间歌圣母 惠从天上降麟儿"，横额"圣母显灵"

4. 增城仙村镇蓝山村玉虚宫，"蓝山古庙捐款芳名留念"木匾，捐款者名字以阮姓为主，约近600人

5. 增城仙村镇蓝山村玉虚宫，《蓝山古庙重修港澳华侨捐款芳名留念》碑

十二　增城新塘镇瓜岭村玉虚宫

1. 增城新塘镇瓜岭村玉虚宫，始建于清朝乾隆已亥年（1779）

2. 增城新塘镇瓜岭村玉虚宫，主殿供奉北帝（中）、劝善禅师（左）、财帛星君（右）

3. 增城新塘镇瓜岭村玉虚宫，左殿为天后殿，供奉天后（中）、金花（右）、禾花仙女（左）

4. 增城新塘镇瓜岭村玉虚宫，金花夫人左右手各抱一名婴儿，身边另有三名小孩，分别在敲锣、鸣钹、打鼓。共五名孩童

十三　从化街口街北帝庙

1. 从化街口街北帝庙，庙额"北帝古庙"为清朝宣统元年（1909）所刻

2. 从化街口街北帝庙，主神龛供奉北帝，左神龛供奉玉皇、关帝等，庙中两边靠墙神台供奉多尊其他神祇，包括劝善禅师

3. 从化街口街北帝庙，右神龛供奉观音，靠近右神龛的右墙神台供奉金花夫人和观音

4. 从化街口街北帝庙，右墙神台供奉金花夫人和观音，金花夫人左右手各怀抱一名婴儿，脚下有两名孩童，共四名孩童

十四　台山斗山浮石村北帝庙

1. 台山市浮石北帝庙，外貌

2. 台山市浮石北帝庙，主神北帝

3. 台山市浮石北帝庙，十二奶娘殿主神斗母，不见金花夫人

4. 台山市浮石北帝庙，十二奶娘神像（部分）

第二章　广东金花夫人庙宇资料汇编　/　95

5. 台山市浮石北帝庙，十二奶娘神像（部分）

6. 台山市浮石北帝庙，十二奶娘殿及神像捐建者石碑

十五　番禺石楼镇马鞍岗灵蟠庙

1. 番禺石楼马鞍岗灵蟠庙、龙兴庙、观音殿，三庙在一起

2. 番禺石楼马鞍岗灵蟠庙

第二章　广东金花夫人庙宇资料汇编　/　97

3. 番禺石楼马鞍岗主殿灵蟠庙，供奉北帝（中）、华光（右）、黄大仙（左）。庙后边神牌上写有"金花普主惠福夫人"，见第九节（六）番禺石楼镇马鞍岗灵蟠庙神牌

十六　广州荔湾区仁威祖庙

1. 广州荔湾区仁威祖庙，主殿北帝殿。仁威祖庙始建于北宋仁宗皇祐四年（1052）。明朝熹宗天启二年（1622）、清朝乾隆年间（1736—1795）和同治年间（1862—1874）都进行过规模较大的重修

2. 广州荔湾区仁威祖庙，主神真武大帝。主殿北帝殿在前殿中间，前殿右偏殿为六十太岁殿，左偏殿为文昌殿。后殿中间为玉皇殿，后殿右偏殿为财神殿，左偏殿慈航殿

3. 广州荔湾区仁威祖庙，慈航殿中还包括左右两边的金花殿和红鸾殿。红鸾殿供奉天媒女仙红鸾星君，主司婚配

第二章　广东金花夫人庙宇资料汇编　/　99

4. 广州荔湾区仁威祖庙，金花殿供奉金花娘娘，其前面神牌上写"金花保生惠福真人"

5. 广州荔湾区仁威祖庙，金花娘娘侧照，她怀抱一名婴儿，身边左右各有一名小孩

6. 广州荔湾区仁威祖庙，金花娘娘左侧地上还有两名孩童骑在象征多子多福的莲藕、荷叶、荷花上玩耍

第四节　洪圣庙中的金花夫人

一　广州市天河区上元岗洪圣庙

1. 天河区上元岗洪圣庙，庙额"洪圣庙"为清朝同治六年（1867）仲秋"蒋理祥敬书"。旁边有谭氏宗祠。祠额"谭氏宗祠"刻于清朝咸丰三年（1853）

2. 天河区上元岗洪圣庙，主神为洪圣大王，右边神龛供奉观音（右）、金花娘娘（左），左边神龛供奉三眼华光（右）、北帝（左）

3. 天河区上元岗洪圣庙，金花娘娘怀抱两名婴儿

4. 天河区上元岗洪圣庙，金花娘娘神牌

5. 天河区上元岗洪圣庙，清朝同治六年《重修洪圣庙碑记》

二　广州市黄埔区萝岗班岭村洪圣宫

1. 广州黄埔萝岗班岭村洪圣宫，所在村中有龙氏宗祠，庙中重建碑刻中，捐建者以龙姓为主

2. 广州黄埔萝岗班岭村洪圣宫，主殿中间神龛供奉洪圣大王（中）、华光（右）、文昌（左），左神龛供奉金花，右神龛供奉劝善大师

3. 广州黄埔萝岗班岭村洪圣宫，金花夫人怀抱一名婴儿

4. 广州黄埔萝岗班岭村洪圣宫，劝善大师

三　番禺石楼镇茭塘洪圣宫

1. 番禺石楼茭塘洪圣庙

104 / 广东金花夫人信仰研究及资料汇编

2. 番禺石楼菱塘洪圣宫，正门庙额"洪圣庙"为清朝乾隆甲戌年（1754）刻立

3. 番禺石楼菱塘洪圣庙，主神洪圣公，陪祀金花夫人（右）、孙圣真君（左）

第二章 广东金花夫人庙宇资料汇编 / 105

4. 番禺石楼茭塘洪圣庙，金花夫人

四 增城新塘镇白江碧江古庙

1. 增城新塘白江碧江古庙

2. 增城新塘白江碧江古庙，中间神龛供奉主神洪圣大王，左边神龛供奉金花圣主惠福夫人（中）、送生司马高大元帅（右）、桃花仙女（左）。右神龛供奉华光大帝（中）等三神祇

3. 增城新塘白江碧江古庙，左神龛供奉金花圣主惠福夫人（中）、送生司马高大元帅（右）、桃花仙女（左）。各神祇前分别放置一面镜子

第二章　广东金花夫人庙宇资料汇编　/　107

4. 增城新塘白江碧江古庙，金花左右手各抱一名小孩，身前另有三名小孩，分别在打鼓、鸣钹等，共五名孩童

5. 增城新塘白江碧江古庙，送生司马高大元帅

6. 增城新塘白江碧江古庙，桃花仙女

五　增城新塘镇塘美洪圣王庙

1. 增城新塘镇塘美洪圣王庙，中间为主殿，右边为吕祖殿，左边为金花殿

2. 增城新塘镇塘美洪圣王庙，主殿供奉多尊神祇，除洪圣大王外，靠后墙神台上还有医灵大帝、文昌帝君、观音真人、关帝、劝善禅师、太上老君、道德天尊、元始天尊、福德正神、华光大帝、财神（自右至左）等，右墙神台供奉八仙，左墙神台供奉魁星、将军等

第二章　广东金花夫人庙宇资料汇编　/　109

3. 增城新塘镇塘美洪圣王庙，金花殿

4. 增城新塘镇塘美洪圣王庙，金花殿主神坛供奉金花圣母惠福夫人（中）、地母元君（右）、天后（左）。两侧靠墙神台各供奉六位奶娘，即十二送子奶娘

5. 增城新塘镇塘美洪圣王庙，金花圣母惠福夫人右手拿宝珠，头戴皇后珠冠，神像形态很特别，不同于一般的金花夫人形象

6. 增城新塘镇塘美洪圣王庙，金花殿右墙神台供奉十二送子奶娘中的六位奶娘

7. 增城新塘镇塘美洪圣王庙，金花殿左墙神台供奉十二送子奶娘中的六位奶娘

8. 增城新塘镇塘美洪圣王庙，《塑塘美庙诸神佛像功德芳名》碑，其中包括有人捐资九千元彩塑金花娘娘像，四人各捐资六千元分别彩塑一尊共四尊奶娘神像，六人（两人一组）合捐一万八千元彩塑三尊奶娘，又十一人、十二人、十三人、十四人、十四人、十九人、二十人各捐资六千元彩塑一尊共七尊送子奶娘神像。该碑刻署"佛历二五五九年建"

第五节　华光庙中的金花夫人

一　广州市天河区黄村华帝古庙

1. 广州天河黄村华帝古庙。门联刻立于清朝道光辛卯年（1831）

2. 广州天河黄村华帝古庙，后墙神龛供奉主神华光大帝（中间神龛）、金花夫人（右神龛）、医灵大帝（左神龛）

第二章　广东金花夫人庙宇资料汇编　/　113

3. 广州天河黄村华帝古庙，右神龛供奉金花夫人（右）等

4. 广州天河黄村华帝古庙，金花夫人怀抱一名婴儿，身边另有四名孩童。共五名孩童

二　广州市天河区棠下福善庙

1. 天河棠下福善庙，庙额《福善庙》缘于庙中供奉金花普主惠福夫人和劝善禅师

2. 天河棠下福善庙，中间主神龛供奉华光大帝（中，主神）、劝善禅师（左一）、北帝（右二）等五尊神像，左神龛供奉金禾花娘，右神龛供奉文武二帝

3. 天河区棠下福善庙，左神龛供奉金禾花娘，即金花夫人（右）和禾花娘娘（左）

4. 天河棠下福善庙，金花夫人左右手各抱一名婴儿

5. 天河棠下福善庙，禾花娘娘

三 番禺石碁镇官涌村官涌古庙

1. 番禺官涌古庙，包括华帝古庙（中）、金花庙（左）、长生殿（右）。主庙庙额"华帝古庙"为光绪元年（1875年）仲冬刻立。庙中《迁建华帝神庙助金题名碑记》提及华帝神庙在明朝崇祯十三年（1640）就有重修，康熙三十九年（1700）重修碑记提到该庙当时已有370余年历史，因此可推断建于明初

2. 番禺官涌古庙，主庙华帝古庙，主神华光大帝

3. 番禺官涌古庙，金花庙，目前为番禺区文保单位

第二章 广东金花夫人庙宇资料汇编 / 117

4. 番禺官涌古庙,金花庙神龛

5. 番禺官涌古庙,1997年《重修金花庙捐款芳名》碑

四　番禺大石镇塘步西河村华帝古庙

1. 番禺大石镇塘步西河村华帝古庙，该庙俗称光雅庙，清朝道光壬寅年（1842）始建

2. 番禺大石镇塘步西河村华帝古庙，主殿供奉华光大帝（中）、金花夫人（左）、华佗（右）

3. 番禺大石镇塘步西河村华帝古庙,金花夫人左右手各抱一名婴儿,身边两侧另有两名侍女

4. 番禺大石镇塘步西河村华帝古庙,清朝光绪十七年(1891)《重建光雅庙碑记》

五 番禺新造镇和睦路礼园华光殿

1. 番禺新造和睦路礼园华光殿。戊子年(2008)重建。马路对面即是礼园观音庙,其中供奉金花夫人

2. 番禺新造和睦路礼园华光殿，供奉华光（中）、财神（右二）、佛祖（右一）、北帝（左二）、黄大仙（左一）

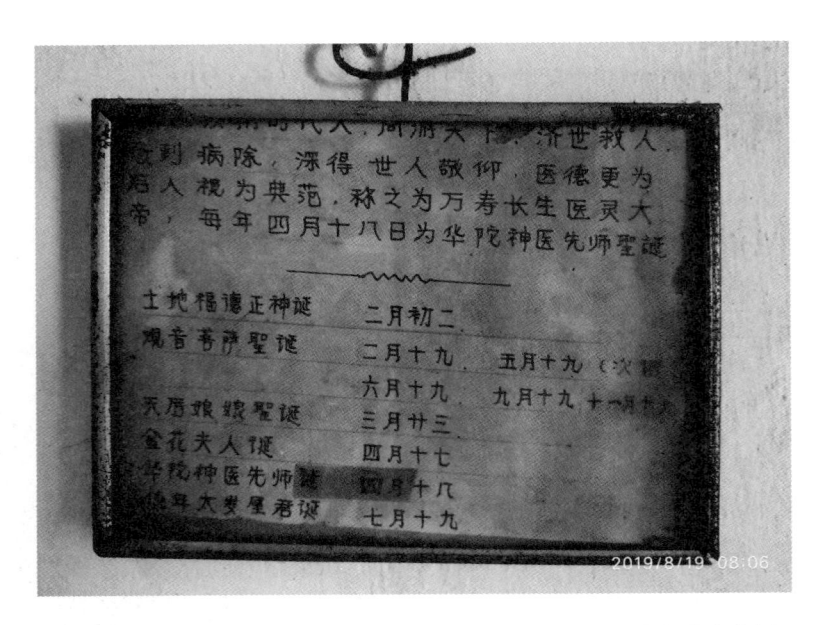

3. 番禺新造和睦路礼园华光殿，神诞表，农历四月十七为金花夫人诞

六　增城新塘镇水南大道华光神庙

1. 增城水南大道华光神庙，现庙 1992 年重修。主殿中间神龛供奉主神华光大帝，右神龛供奉北斗魁罡文曲星君（中）、文昌（右）、关帝（左），左神龛供奉医灵大帝等。主殿正门口右边神龛供奉南昌五福车大元帅（左）、送生司马高大元帅（右），左边神龛供奉土地、门官

2. 增城水南大道华光神庙，左偏殿为水月宫，后墙主神台供奉观音（中）、九天玄女郭氏元君（右一）、护国庇民天后元君（右二）、幽冥地府地母娘娘（左二）、金花圣主惠福夫人（左一）

3. 增城水南大道华光神庙，主神华光大帝

4. 增城水南大道华光神庙，水月宫中的金花圣主惠福夫人。金花左右手各抱一名婴儿，身边另有三名孩童，一名敲锣，一名打鼓，共五名婴孩

5. 增城水南大道华光神庙，神诞表，农历四月十七为金花旦，四月十八为送生司马旦

第六节　康公庙中的金花夫人

一　广州市白云区萧岗康圣古庙

1. 广州白云区萧岗康圣古庙，包括文武殿（右），仁圣宫（左）

2. 广州白云区萧岗康圣古庙，庙额"康公古庙"于清朝光绪甲午年（1894）刻立。当年重建该庙。该庙始建年代不详

3. 广州白云区萧岗康圣古庙，仁圣宫中供奉观音、天后、金花、地母等

4. 广州白云区萧岗康圣古庙，主殿善庆堂供奉康帅

第二章 广东金花夫人庙宇资料汇编 / 125

5. 广州白云区萧岗康圣古庙，主神康帅

6. 广州白云区萧岗康圣古庙，任圣宫中的金花夫人。金花不抱小孩，老年妇女形象，神像有佛教化特点

7. 广州白云区萧岗康圣古庙，神诞表，农历四月十七为金花旦

126 / 广东金花夫人信仰研究及资料汇编

二 增城新塘镇西定坊康圣古庙

1. 增城新塘西定坊康圣古庙,现庙 1995 年重建

2. 增城新塘西定坊康圣古庙,中间神龛供奉康圣真君(中)、文昌(右)、关帝(左)、车大元帅(关帝和康圣中前)

第二章　广东金花夫人庙宇资料汇编　／　127

3. 增城新塘西定坊康圣古庙,中间神龛供奉主神康圣真君等

4. 增城新塘西定坊康圣古庙,左边神龛供奉观音(中)、金花(左)、天后(右)

5. 金花左右手各抱一名婴儿，身边另有三名孩童，分别在打鼓、鸣钹、吹号

6. 增城新塘西定坊康圣古庙，右边神龛供奉文曲星君（中）、劝善大德禅师（左）、华光大帝（右）

7. 增城新塘西定坊康圣古庙，劝善大德禅师

三　增城新塘镇瑶溪（岗尾村）镇龙古庙

1. 增城新塘瑶溪（岗尾村）镇龙古庙，庙门上有近年新写纸联"礼拜金花添福寿 朝参圣母降麟儿"，和圣水堂观音庙门联相同

2. 增城新塘瑶溪（岗尾村）镇龙古庙，主殿后墙有三神龛，中间神龛供奉主神康公元帅，右神龛供奉金花夫人，左神龛供奉送生司马

3. 增城新塘瑶溪（岗尾村）镇龙古庙，金花夫人怀抱两名婴儿，身边另外三名孩童，一名趴在肩膀，两名在脚下。共五名小孩

4. 增城新塘瑶溪（岗尾村）镇龙古庙，金花夫人和十二奶娘，十二奶娘前面各放置一面镜子、一盆清水和一条毛巾

第二章 广东金花夫人庙宇资料汇编 / 131

5. 增城新塘瑶溪（岗尾村）镇龙古庙，右墙神台供奉六位奶娘，从大门至后墙方向，分别为陈氏四娘、葛氏四娘、阮氏三娘、雷氏三娘、林氏九娘、李氏大娘

6. 增城新塘瑶溪（岗尾村）镇龙古庙，左墙神台供奉六位奶娘，从后墙至大门分别为许氏大娘、刘氏七娘、马氏五娘、林氏一娘、高氏四娘、卓氏四娘

第七节　东岳庙中的金花夫人

一　广州市黄埔区九龙镇新田村东岳古庙

1. 黄埔九龙新田村东岳古庙，根据庙中碑刻，该庙在清朝嘉庆八年（1803）时曾扩建

2. 黄埔九龙新田村东岳古庙，主殿有三神龛，中间神台供奉东岳大帝（中）、康公元帅（左）、金顺雷元帅（右），右神台供奉财神爷（右）和文昌（左），左神台供奉金花夫人（左）、车公元帅（右）

第二章 广东金花夫人庙宇资料汇编 / 133

3. 黄埔九龙新田村东岳古庙，金花夫人怀抱一名婴儿，脚下有六名孩童，在舞狮

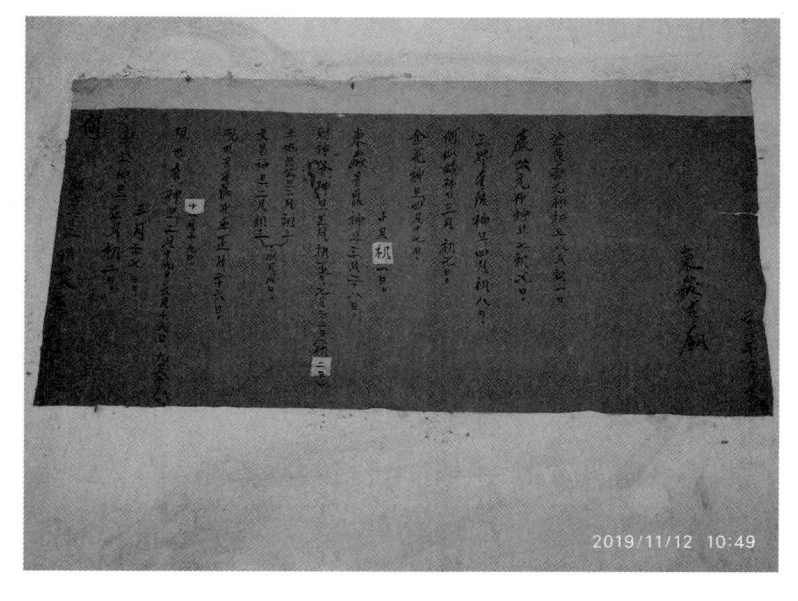

4. 黄埔九龙新田村东岳古庙，神诞表，农历四月十七为金花神旦

5. 黄埔九龙新田村东岳古庙，清朝同治九年（1870）钟

二　从化神岗五岳殿

1. 从化神岗五岳殿，庙额"五岳殿"为清朝光绪庚寅年（1890）所刻。始建年代不详，明朝成化六年（1470）重建。目前为省文保单位

2. 从化神岗五岳殿，主神龛

3. 从化神岗五岳殿，金花夫人（庙中女性信众所言）

4. 从化神岗五岳殿，信众拜谢金花娘娘等

5. 从化神岗五岳殿，信众敬献众多匾额

三 增城新塘镇沧头小迳墟东岳古庙

1. 增城沧头小迳墟东岳古庙，庙额《东岳古庙》为清朝道光二十九年（1849）刻立

2. 增城沧头小迳墟东岳古庙，后墙有三神龛，中间神龛供奉东岳大帝（中）、关帝（左）、文昌，右神龛供奉劝善大德禅师（左）和包公，左神龛供奉金花夫人

3. 增城沧头小迳墟东岳古庙，右神龛供奉劝善大德禅师（左）和包公（右）

4. 增城沧头小迳墟东岳古庙，金花夫人左右手各抱一名婴儿，身边另有十名孩童，其中有几人分别在敲锣、鸣钹、吹号等

5. 增城沧头小迳墟东岳古庙，金花夫人旁过关纸扎品

6. 增城沧头小迳墟东岳古庙，信众契于金花夫人

四　增城新塘镇坭紫东岳古庙

1. 增城新塘坭紫东岳古庙，庙中有清朝乾隆四十一年（1752）《重修东岳古庙碑记》，以及嘉庆二年（1796）、道光五年（1825）、同治八年（1869）等年份的数块重修碑刻

2. 增城新塘坭紫东岳古庙，主神东岳大帝

3. 增城新塘坭紫东岳古庙，主殿左神龛供奉金花夫人（左）和天后（右）

4. 增城新塘坭紫东岳古庙，金花左右手各怀抱一名婴儿，左右脚边各有一名小儿。共四名孩童

第八节　其他庙宇中的金花夫人

一　广州市天河区猎德村龙母庙

1. 广州天河猎德村龙母庙（左）和华光庙。龙母庙始建年代不详，自清朝康熙三十二年（1693）至光绪十五年（1889），有过五次重修

2. 广州天河猎德村龙母庙，门联为清朝光绪乙丑（1889）刻立

3. 广州天河猎德村龙母庙，"龙母庙"匾刻立于清朝光绪十五年（1889）

4. 广州天河猎德村龙母庙，中间神龛供奉龙母，右神龛供奉金花娘娘，左神龛供奉禾花娘娘

第二章　广东金花夫人庙宇资料汇编　/　143

5. 广州天河猎德村龙母庙，主神龙母

6. 广州天河猎德村龙母庙，金花娘娘，怀抱一男一女两名婴儿

7. 广州天河猎德村龙母庙，碑刻中记载"金花夫人神像广裔堂喜认"

二 广州市南沙区鹿颈龙母宫

1. 南沙区鹿颈龙母宫，1996年（丙子年）重建而成。龙母宫右边为天后宫，再右边为观音庙

2. 南沙区鹿颈龙母宫，主神龙母娘娘

3. 南沙区鹿颈龙母宫，十二奶娘神龛，在主神龙母娘娘神龛左侧。无金花夫人

三　广州市黄埔区荔联南安社魁星殿

1. 黄埔荔联南安社土地庙、太岁殿、魁星殿

2. 黄埔荔联南安社魁星殿，后墙主神龛供奉有魁星爷（中）、关帝（左三）、玄坛爷（左一）、文昌（右三）、观音（右二）、金花娘娘（右一）等。两边有金花夫人的陪祀神十二奶娘等

3. 黄埔荔联南安社魁星殿，金花夫人左右手各怀抱一名婴儿，身边另有三名孩童

4. 黄埔荔联南安社魁星殿，左墙（从门口到后墙）供奉有张氏（编号12）、何氏（10）、江氏（8）、熊氏（6）、蔡氏（4）、黎氏（2）、送生司马（右抱一名婴儿，左手拿"麒麟玉书"卷册）、转心童子、医灵大帝

5. 黄埔荔联南安社魁星殿，右墙（从门口到后墙）供奉有关氏（编号11）、夏氏（9）、钱氏（7）、祁氏（5）、徐氏（3）、陈氏（1）、金花夫人（疑似，右抱一名婴儿，左手拿鲜花）、和合二仙

148 / 广东金花夫人信仰研究及资料汇编

6. 黄埔荔联南安社土地庙，清朝乾隆乙酉年（1765）"佛华福地"庙额

7. 黄埔荔联南安社土地庙、太岁殿、魁星殿，清朝同治六年（1867）《佛华福地碑文》

8. 太岁庙门上的"高级择日　小儿定时　排八字　问姻缘运程"广告

四　番禺沙湾镇紫坭包相府

1. 番禺沙湾紫坭包相府，创建于清朝嘉庆四年（1799），在番禺宝墨园旁边

2. 番禺沙湾紫坭包相府，主殿中间神龛供奉包公

3. 番禺沙湾紫坭包相府，主殿左侧靠墙神台供奉金花抱子、送生司马及送子张师等。金花夫人左右手各怀抱一名婴儿

4. 番禺沙湾紫坭包相府，主神龛左边神台供奉缘善大师（劝善大师）及和合二仙、车大元帅等

五　番禺石楼镇茭塘韦陀庙

1. 番禺石楼茭塘韦陀庙，始建于清朝乾隆年间，现庙为 1997 年重建。其背后小山上为观音堂。主神韦陀，两侧靠墙各供奉六位奶娘，即十二奶娘。附近村中即有茭塘洪圣庙，其中供奉金花夫人

2. 番禺石楼茭塘韦陀庙，主神韦陀

152　/　广东金花夫人信仰研究及资料汇编

3. 番禺石楼茭塘韦陀庙，十二奶娘之六奶娘

4. 番禺石楼茭塘韦陀庙，十二奶娘之六奶娘

六　番禺市桥镇沙头村南昌古庙

1. 番禺市桥沙头村南昌古庙，左旁为王氏宗祠

2. 番禺市桥沙头村南昌古庙，主殿为仰赖堂，供奉南昌尹（中）、金花夫人（右）、劝善大师（左）等

3. 番禺市桥沙头村南昌古庙，金花夫人怀抱两名婴儿，身边另有一名孩童

七　增城新塘镇沧头广虎路元帅古庙

1. 增城沧头广虎路元帅古庙，前殿为主殿，后殿为玉皇大帝殿。元帅古庙之后有二层小楼，楼上为佛殿

2. 增城沧头广虎路元帅古庙，前殿中间神龛供奉主神敕制地祇铁戴元帅（中）、南昌五福车大元帅（右）、铁戴元帅（左，神像较小），右边神龛供奉文昌帝君（右）、关帝（左），主神龛和右神龛之间的神台上供奉包公（左）、洪圣大王（右），左神龛供奉南无劝善大德禅师（右）、金花圣主惠福夫人（左）

3. 增城沧头广虎路元帅古庙，主神敕制地祇铁戴元帅

4. 增城沧头广虎路元帅古庙，金花夫人和劝善大德禅师

5. 增城沧头广虎路元帅古庙，金花圣主惠福夫人

6. 增城沧头广虎路元帅古庙，金花圣主惠福夫人左右手各抱一名婴儿，身边另有六名孩童，具中三人分别在敲锣、打鼓、鸣钹，共八名婴孩

7. 增城沧头广虎路元帅古庙，后殿为玉皇大帝殿，靠后墙神台上供奉玉皇（中）、皇母娘娘（右二）、斗母元君（右一）、地母元君（左二）、何仙姑（左一），两边靠墙处神台上分别供奉多位神祇，包括金花夫人的陪祀十二奶娘

8. 增城沧头广虎路元帅古庙，后殿玉皇大帝殿中十二奶娘、花公花婆及送生司马

八 增城小楼何仙姑家庙

1. 增城小楼何仙姑家庙，门额"何仙姑家庙"右侧写有"咸丰八年"（1858）

2. 增城小楼何仙姑家庙，主神何仙姑

3. 增城小楼何仙姑家庙，金花仙姐、保花娘娘神龛

九　增城仙村镇天后宫

1. 增城仙村天后宫，始建于明朝嘉靖年间（1522—1566），清代及民国二十五年有重修。天后宫旁边有葛仙祠，建于1867年，供奉主神葛洪

2. 增城仙村天后宫，后墙主神台有三神龛，中间供奉天后娘娘，右边神龛供奉金花圣母，左边神龛供奉福德公

3. 增城仙村天后宫和葛仙祠，金花圣母右手抱一名婴儿，脚下有两名孩童。一名手拿如意，一名手拿元宝。共三名孩童

4. 增城仙村天后宫和葛仙祠，天后宫中契于金花圣母的红纸

十　增城仙村镇下境四帅古庙和仙佛古庙

1. 增城仙村下境四帅古庙和仙佛古庙，四帅古庙始建年代不详，清朝乾隆己卯年（1759）年有重修，有乾隆二十四年（1759）、道光二十年（1840）、光绪年间重修碑刻数块，也有2003年、2011年、2019年碑刻

2. 增城仙村下境四帅古庙和仙佛古庙，四帅古庙后墙有三神台，中间神台自左至右分别供奉康公元帅、马公元帅、李公元帅、赵公元帅，左神台供奉医灵大帝（中）、包公丞相（右）、保寿星君（左），右神台供奉观音（左）、如来佛祖（左），观音左边有孙大圣小神像

3. 增城仙村下境四帅古庙和仙佛古庙，四帅古庙主神台自左至右分别供奉康公元帅（康保裔）、马公元帅、李公元帅（李绩，另一说李靖，托塔天王，实际上是哪吒）、赵公元帅

4. 增城仙村下境四帅古庙和仙佛古庙，金花圣母右手抱一名婴儿，送生司马右手抱一名孩童，左手抱一名抱金鱼的孩童，花公花婆各怀抱两名孩童

5. 增城仙村下境四帅古庙和仙佛古庙，左墙神台自右至左供奉送生司马、金花圣母、花公、花婆、十二奶娘

6. 增城仙村下境四帅古庙和仙佛古庙，仙佛古庙后墙主神台供奉主神何大仙姑（何仙姑又名素女）、天后元君（右二）、北帝爷（右一）、宾公圣佛（左二）、文昌（左一），右墙神台供奉八位仙姐

十一　增城新塘镇东定坊茅山古庙和观音庙

1. 增城新塘东定坊茅山古庙（左）和观音庙（右）

2. 增城新塘东定坊茅山古庙和观音庙，在河边

3. 增城新塘东定坊茅山古庙和观音庙，茅山古庙供奉茅山圣主（中）、金花圣母（右）、土地财神（左）

4. 增城新塘东定坊茅山古庙，主神茅山圣王

5. 增城新塘东定坊茅山古庙和观音庙，金花圣母右手怀抱一名婴儿，膝盖上各坐一名婴孩，一名手拿仙桃，一名手报小金狮。身边左右又各有一名孩童。共计五名婴孩

第二章　广东金花夫人庙宇资料汇编　/　165

6. 增城新塘东定坊观音庙，观音庙供奉观音（中）、财帛星君（右）、齐天大圣（左）

十二　增城三忠古庙

1. 广州增城三忠古庙，庙内近年所立重建碑文记载建于宋朝（李彦佚拍摄）

2. 主殿中间神龛供奉三忠王、左神龛供奉三忠王夫人，右神龛供奉金花夫人（左）、地母元君（中）、龙母元（右）（李彦佚拍摄）

3. 广州增城三忠古庙，主神三忠王（李彦佚拍摄）

第二章　广东金花夫人庙宇资料汇编　/　167

4. 广州增城三忠古庙，右神龛供奉天后元君（中）、金花夫人（左）、龙母元君（右）（李彦佚拍摄）

5. 广州增城三忠古庙，金花夫人左手抱一名婴儿，右边另站着一名小孩（李彦佚拍摄）

6. 广州增城三忠古庙,神诞表,农历四月十七为金花夫人圣诞(李彦佚拍摄)

十三　增城新塘镇龙塘元帅古庙

1. 增城新塘龙塘元帅古庙

2. 增城新塘龙塘元帅古庙，后墙主神台供奉康公元帅（中）、观音（右一）、金花（右二）、车大元帅（右三）、北帝（左三）、财帛星君（左二）、包公（左一）。每位神祇前面放置一面镜子、一条毛巾、一盆清水

3. 增城新塘龙塘元帅古庙，主神康公元帅

4. 增城新塘龙塘元帅古庙，金花左右手各怀抱一名婴儿。身边另有三名孩童，其中一名在鸣钹。共五名孩童

十四　增城新塘镇西定坊文昌庙

1. 增城新塘西定坊文昌庙，清代或之前创建，清朝光绪年间有过重修，现庙1993年重建，有海外华侨参与。包括文昌阁、秉政殿、观音宫

2. 增城新塘西定坊文昌庙，观音宫供奉观音（中）、金花（左）、天后（右）

第二章　广东金花夫人庙宇资料汇编　/　171

3. 增城新塘西定坊文昌庙，金花夫人左右手各抱一名婴儿，身边另有三名婴儿，其中一男一女分别在打鼓敲锣

4. 增城新塘西定坊文昌庙，秉政殿中供奉劝善大德禅师

十五　增城新塘镇雅瑶上岭村蟠龙古庙

1. 增城新塘雅瑶上岭村蟠龙古庙，1998年重建

2. 增城新塘雅瑶上岭村蟠龙古庙，主殿分为三殿，中殿供奉紫薇大帝（中）、医灵大帝（右）、华光大帝（左），右殿供奉包公。主殿旁为乌风大王庙，供奉护国庇民乌风大王（右）和都天至富财帛星君（左）

3. 增城新塘雅瑶上岭村蟠龙古庙，左殿供奉金花圣母惠福夫人（左）和皇宫院内后殿夫人（右）。靠金花夫人的左墙神台供奉十二奶娘，金花夫人右旁供奉送生司马小神像，他也靠近十二奶娘

4. 增城新塘雅瑶上岭村蟠龙古庙，金花夫人（左）和皇宫院内后殿夫人（右）。金花夫人右旁有送生司马小神像

第二章 广东金花夫人庙宇资料汇编 / 173

5. 增城新塘雅瑶上岭村蟠龙古庙，金花夫人右膝坐一名小儿，左侧另有一名小儿

6. 增城新塘雅瑶上岭村蟠龙古庙，十二奶娘

十六　增城新塘镇上邵村华田神庙

1. 增城新塘镇上邵村华田神庙，庙额《华田神庙》为清朝宣统元年（1909）刻立。现庙为 2003 年重修

2. 增城新塘镇上邵村华田神庙，中殿供奉润荫大帝（左）、神农大帝（右），两尊神。右殿供奉关帝、文昌帝君、文曲星等四尊神。左殿为观音殿

3. 增城新塘镇上邵村华田神庙，观音殿主神龛供奉观音（中）、金花（左）、何大仙姑（右）。左右两边各供奉六位共十二位奶娘，包括徐氏奶娘、关氏奶娘、王氏奶娘、马氏奶娘、刘氏奶娘、张氏奶娘、梁氏奶娘、彭氏奶娘、何氏奶娘、陈氏奶娘、李氏奶娘。由于纸张年久风化，有一尊奶娘的名字无法辨认

4. 增城新塘镇上邵村华田神庙，金花圣母惠福夫人，右手抱一名婴儿，身边左侧有一名打鼓的小儿

5. 增城新塘镇上邵村华田神庙，右墙神台六奶娘

6. 增城新塘镇上邵村华田神庙，左墙神台六奶娘

7. 增城新塘镇上邵村华田神庙,观音殿也供奉何仙姑

十七　台山广海南湾天后宫

1. 台山广海天后宫,正门。广海天后宫建于 1638 年

2. 台山广海天后宫，主神天后

3. 台山广海天后宫，十二金花，但没有金花夫人。据庙祝所言，来庙中参拜者，十之六七都是祈求金花十二奶娘保佑生育子女

4. 台山广海天后宫，十二金花即十二奶娘前面各有小木牌，分别上写"1 牡丹夫人""2 玫瑰夫人""3 芍药夫人""4 杜鹃夫人""5 百合夫人""6 芙蓉夫人""7 玉兰夫人""8 含笑夫人""9 桃花夫人""10 梅花夫人""11 菊花夫人""12 杏花夫人"

第九节　神牌和乩文中的金花夫人

一　广州市黄埔区萝岗街区神牌

广州市黄埔区萝岗街区神牌，上写"金玉满堂　南昌五福车大元帅　九天开化文昌帝君　敕赐五显华光大帝　北方真武玄天上帝　大慈大悲观世音菩萨　南海广利洪圣大王　九天应元普化天尊　金花圣主惠福夫人　住居土地福德正神"（自右至左），共九位神祇。

此种在广府地区城郊乡区榕树下、社稷坛或神庙旁等处常见神牌，原在居民家中正厅（旺相堂）供奉，后由于拆迁或乔迁之故，被放置户外。

神牌上神祇名称多用文字表述，也有画像者。神祇多为九位，也有七位者

二　广州市黄埔区萝岗塘头村神牌

1. 广州市黄埔区萝岗塘头村神牌，文字和画像两种形式的神牌都有

2. 广州市黄埔区萝岗塘头村神牌，画像神牌，左边最下方为金花夫人，她旁边有一名抱婴儿的侍者

第二章　广东金花夫人庙宇资料汇编　/　181

三　广州市黄埔区萝岗暹岗村神牌

1. 广州市黄埔区萝岗暹岗村神牌，最左边神祇名称即为"金花圣主惠福夫人"

2. 广州市黄埔区萝岗暹岗村神牌，左边第二位神祇名称即为"金花圣主惠福夫人"

四　广州市黄埔永宁陂头村神牌

广州市黄埔区永宁陂头村神牌，左边最下方为金花夫人，她旁边有一名抱婴儿的侍者

五　广州市黄埔区荔联鹤保庙旁神牌

广州市黄埔区荔联鹤保庙旁神牌，最右边神祇名称为"金花圣主惠福夫人"

六　番禺石楼镇马鞍岗灵蟠庙神牌

番禺石楼马鞍岗灵蟠庙、龙兴庙、观音殿，庙中神牌，上面所写奉祀神祇共分三层，上层九位神祇（自左至右分别为天后元君、关圣帝君、观音菩萨、诸佛菩萨、斗姆元君、十方三界一切诸神、三元大帝、玄天上帝、文昌帝君），中层十五位神祇（金花夫人、太岁将军、洪圣大王、天师钟馗、张师真君、纯阳吕祖、十殿阎君、五岳大帝、四海龙王、龙母元君、王善天君、华光大帝、黄大仙师、财帛星君、五路财神），下层五位神祇（门官之神、诸司之神、城隍之神、社稷之神、土地之神），共29位。中层最左边为金花普主惠福夫人

七　番禺沙湾镇三善村鳌山古庙群神牌

番禺沙湾三善村鳌山古庙神牌，最左边神祇名称为"金花普主惠福夫人"

八　澳门莲溪庙神牌

澳门莲溪庙神牌，最左边写有"金花普主惠福夫人"

九　广州紫观阁庆祝先师孔夫子圣诞乩文

中国广东德教会广州紫观阁鸾文（子第卅三期）　乩掌：XXX

天运庚子年八月廿七日（戌时）　报谕：XXX

公元二零二零年十月十三日（周二）　录谕：XXX

紫观阁举行庆祝大成至圣先师孔子师尊圣诞

善哉！

是日大吉，为紫观阁举行庆祝大成至圣孔子先师圣寿宝诞。今吉时已届，正是：

福修德门知其行　德泽绵长尽累添
正是适时修原本　神力显赫凡间受
紫泽常沾正气显　观行察步有一程
迎纳修众饭正觉　接授育化智慧昭
仙音常闻开觉悟　众心明淡无垢迹
佛语引得菩提众　圣道同尊领风骚
驾临圣府传真法　是为三界显道风

本福德一降！

晋香迎接

玄天上帝！

善哉！

成昭，今日逢儒祖圣寿，也乃你任职紫观守坛师兄一职，今可与各弟妹一作介绍。

成昭：善哉！北帝在上，成昭感恩！

是日殊缘下鸾台　送徒修造登蓬莱
颁旨委任守坛职　一柳传令显紫观
晋香迎任履守职　委封**成昭**为师兄
接任观庭会行责　德绩再丰显紫观
如今已封**吕真人**　带众汕头寻雄阙
才有子孙引路寻　**八仙**时多降鸾到
文章导修众心求　待到七六寻源迹
后有**柳师**鸾文察　见为兄手抄本
一愿难现再伴柳　七三西去又一修
后只保留四二本　手抄传播待时机
一心正念为传德　后因数理息鸾音
为兄只能操旧业　抽时集文传乡邻
一务劳作也几载

可。（注：后只保留四二本，此句之意为：只保留到四二本之鸾文本）

北帝在上，成昭已作介绍，柳交师教训。

北帝：善哉！

先迎诸圣入观庭
庆祝圣寿贺无疆
四相早到三圣随
八仙城隍有三客
西关热闹师为领
一行七十队浩浩
道场诸众皆来贺
算算可知几多圣

善哉！来！来！来！

大家向坛朝一朝
真武领队排在前
左边前位是斗姆
六十太岁来五九
右边**文昌**前位座
后是**菩萨**早来临
玉皇赦罪大天尊
分神一步早已证
金花娘娘也随迎
财神随伍福赐到
文殊普贤缘早定
浩浩一行入紫观可。

如此为教劳尽责
才知昔年抄录机
待到北帝告原委
受宠若惊未觉明
今宠任紫观守坛职
传命兄任守坛职
功录协助今才明
尽职尽责，报上苍诸仙佛德德社之所委。

众位弟妹听兄叙
兄本昔年居汕头
紫雄创基缘有证
入阙修习随佛仙
柳舞紫雄兄抄录

如此为教劳尽责
但愿诸位记明心
兄今简单一介绍
才有今日此厚缘
入阙修功自得
紫雄创基缘为教
为教劳修功正是修
任劳任怨正是修

早早粤东贺客来

天后广济圣王到

大峰超月虱母仙

三山国王随赤炼

一道瑞雨洒满天

满堂济济贺宝诞

春秋七二皆是贤

可。

众位,今为大成至圣宝诞千秋,神人同贺,天地共庆,德柳邀仙佛,祝语频传,正是:

鲁起西途春秋时

传扬文明及邦邻

克己复礼本原在

一书万库有珠玑

圣语是法匡家国

文明贤语出子诗

几千岁月法不变

万古流传皆真理

可。

法明则能安家治国平天下。

孔圣告天下众:

乐生于性和

福出于心淡

无求而可安

是为君子也

可。

琼离心不安 恨君慧已浊

非言扰其步 真语耳不正

众位,有事借此缘来叙!

(师批示俗务帖事略)

各赐一光!助平安、健康。

(师为信众点光事略)

各事清楚,赐参缘子生平安、健康。

善哉!

夜静秋月云中盖

起波有现在辰天

凉风渐起季待接

起落自有数定时

师坛上伴客。

(恭敬师尊)

第 三 章

海外华人金花夫人庙宇资料汇编

第一节 马来西亚华人金花夫人庙宇

一 吉隆坡广肇会馆关帝庙

1. 雪隆广肇会馆关帝庙，创建于清朝光绪十四年（1887）

2. 雪隆广肇会馆关帝庙，神台左侧为"金花娘娘神位"，供奉金花娘娘。右侧供奉观音。金花娘娘神位有对联"普佑人间歌圣母　惠从天上赐麟儿"

二　吉隆坡仙四师爷庙

1. 吉隆坡仙四师爷宫，供奉主神仙师爷和四师爷

2. 吉隆坡仙四师爷宫，金花夫人、谭公仙圣、观音菩萨等神牌

3. 吉隆坡仙四师爷宫，辛卯年（2011）神诞表，农历四月十七为金花夫人宝诞

三　吉隆坡安邦谭公庙

1. 马来西亚吉隆坡安邦谭公仙圣庙

2. 马来西亚吉隆坡安邦谭公仙圣庙，主神谭公仙圣

3. 马来西亚吉隆坡安邦谭公仙圣庙，旺相堂供奉多尊神祇，正墙两边红纸神牌上写有数十位神祇

4. 马来西亚吉隆坡安邦谭公仙圣庙左边红纸神牌上写有金花夫人、十二奶娘、转心夫人、悦城龙母等众多女神

四 雪兰莪加影仙四师爷宫

1. 马来西亚雪兰莪加影仙四师爷宫，供奉主神仙师爷和四师爷

2. 马来西亚雪兰莪加影仙四师爷宫，庙额"师爷宫"刻立于清朝光绪戊戌年（1898）

3. 马来西亚雪兰莪加影师爷宫，金花夫人怀抱一名婴儿。神龛门联"彩凤云间显　祥麟梦里来"

4. 马来西亚雪兰莪加影仙四师爷宫，神诞表中包括农历四月十七的金花夫人诞

五　雪兰莪新古毛岳山古庙

1. 雪兰莪新古毛岳山古庙，主神仙师爷和四师爷

2. 雪兰莪新古毛岳山古庙，神牌上写有金花夫人、十二奶娘、水母娘娘和花粉夫人等

六　森美兰芙蓉列圣宫

1. 马来西亚森美兰芙蓉列圣宫，门联"恩光沾列圣　惠泽洽同人"刻立于清朝光绪二十三年（1897）

2. 马来西亚森美兰芙蓉列圣宫，供奉主神文昌星君（中）、紫薇星君（右）、张仙大帝（左）等

3. 马来西亚森美兰芙蓉列圣宫，神牌上写有金花夫人、十二奶娘、和合二仙、龙母夫人、何大仙姑等

七　霹雳太平何仙姑庙

1. 霹雳太平何仙姑庙，左边为北霹雳广东会馆

2. 霹雳太平何仙姑庙，天后－和合二仙（中）、金花（右）、注生娘娘（左）

第三章　海外华人金花夫人庙宇资料汇编　/　195

3. 霹雳太平何仙姑庙，中间神龛供奉何仙姑，左神龛供奉金花等

4. 霹雳太平何仙姑庙，清朝光绪十三年（1887年）钟

八　霹雳金宝古庙

1. 霹雳金宝古庙，庙额"金宝古庙"右侧注明清朝光绪甲申年（1884）重建。古庙为典型岭南建筑

2. 霹雳金宝古庙，金花普主惠福夫人（右）和姻缘配合花粉夫人（左）

九　彭亨文冬广福庙（仙四师爷庙）

1. 彭亨州文冬广福庙，门联刻立于清朝光绪三十二年（1906）

2. 彭亨州文冬广福庙，后期中间神龛供奉仙师爷和四师爷，左神龛供奉关帝，右神龛供奉观音

3. 彭亨州文冬广福庙，金花夫人（右）和天后娘娘（左）

4. 彭亨州文冬广福庙，龙母夫人（右）和八大仙（左）

第二节　其他国家华人金花夫人庙宇

一　新加坡金花夫人庙宇

1. 新加坡金花庙，主神龛

2. 新加坡金花庙，十二奶娘（部分）

二　越南胡志明市穗城会馆天后庙

1. 越南西贡天后宫（穗城会馆）（胡修文拍摄）

2. 越南西贡天后宫（穗城会馆），中间神龛供奉天后，左神龛供奉金花娘娘，右神龛供奉龙母娘娘（胡修文拍摄）

第三章 海外华人金花夫人庙宇资料汇编 / 201

3. 越南西贡天后宫（穗城会馆），金花娘娘，两边各有侍女一名（胡修文拍摄）

4. 越南西贡天后宫（穗城会馆），清朝光绪元年（1875）刻立的金花娘娘、天后、龙母、关帝等神祇的神牌（胡修文拍摄）

5. 越南西贡天后宫（穗城会馆），1992年刻立的《金花娘娘》横匾（胡修文拍摄）

三　简埔寨客属会馆天后宫

1. 柬埔寨客属会馆天后宫

第三章　海外华人金花夫人庙宇资料汇编　/　203

2. 柬埔寨客属会馆天后宫，供奉天后圣母（中）、金花娘娘（右）、财神公公（左）

3. 柬埔寨客属会馆天后宫，主神天后圣母

4. 柬埔寨客属会馆天后宫，金花娘娘

5. 柬埔寨客属会馆天后宫，金花娘娘锦幅

四　印尼棉兰东岳观

1. 棉兰东岳观，香火源自福建莆田，莆田寺庙建筑风格

2. 棉兰东岳观，神牌上写有金花夫人、法主欧氏仙姑和注生娘娘

五　印尼邦加岛槟港关帝庙

1. 邦加岛槟港关帝庙

2. 邦加岛槟港关帝庙，主殿供奉关帝、观音、天后等

3. 邦加岛槟港关帝庙，神诞表，四月神诞日包括金花旦和送生司马旦

第三章　海外华人金花夫人庙宇资料汇编　／　207

4. 邦加岛槟港关帝庙，清朝道光廿七年（1847）匾额

六　缅甸仰光观音古庙

1. 缅甸仰光观音古庙，主殿。（杜温提供）

2. 缅甸仰光观音古庙，主神龛供奉观音（中）、北帝（右）、天后（左）（杜温提供）

3. 缅甸仰光观音古庙，中间怀抱婴儿的小神像即金花夫人（杜温提供）

七　美国旧金山

1. 美国三藩市天后古庙，庙额"天后古庙"刻立于清朝宣统二年（1910）（刘进提供）

2. 美国三藩市天后古庙，原名列圣宫（刘进提供）

3. 列圣宫又名天后宫，1852 年创建，19 世纪 90 年代和 1910 年曾两次迁址（刘进提供）

4. 美国三藩市天后古庙，2018年神诞表中包括农历四月十七的金花夫人诞（刘进提供）

后　　记

　　金花夫人信仰是广东（尤其是珠三角地区）和海外粤籍华侨华人（尤其是广府籍华侨华人）颇富地域色彩的民间信仰之一。对其实地调研，始于 2011 年 4 月—2012 年 4 月我在马来亚大学访学期间。回国后，又不断拜访广东各地的庙宇，尤其是近两年，在广州地区重点考察了与金花夫人信仰有关的庙宇。

　　考察活动得到了下列人士的热情帮助，在此一并谨致谢忱！他们是（恕不称呼头衔）：

　　马来西亚刘崇汉（巴生）、戴荣强（亚庇）、林玉润和梁秀婷（吉隆坡）、祝家丰（马来亚大学）、纪祥国（适耕庄）、廖文辉（新纪元大学学院）、刘永生（吉隆坡）等；

　　印尼棉兰林锦城；

　　柬埔寨金边蔡迪华；

　　缅甸杜温女士；

　　福建艺术研究院叶明生、澳门临水宫值理会理事长林裕、五邑大学刘进、福建师范大学黄建兴、暨南大学张应龙、台山市关翌春和黄河越、博罗华侨中学教师欧阳班铱等；

　　我的研究生常樟平（2019 级硕士生）、黄思婷（2018 级硕士生）、李彦佚（2019 级博士生）、胡修文（2015 级硕士生）。

　　感谢中国社会科学院世界宗教研究所张新鹰教授在百忙中赐赠序言。

由于本人学力浅陋，考察活动也存在很多遗漏或局限，本书难免有舛误之处，敬请方家指正！

石沧金
2021 年 3 月于广州黄埔萝岗